나는 내가 예쁜 줄만 알았다

나는 내가 예쁜 줄만 알았다

류경애 수필집

작가의 말

세월의 빠름이 느껴졌을 때부터 문학이 내게 유혹을 했다. 그동안 썰물로 모래사장에 멈춰있던 배는 밀물을 기다리다 겨우 때를 만나 물위에 뜨기 시작하였다. 환갑이 넘은 나이에 스스로 노를 저어 바다로 나가기가 두렵고 떨린다. 나는 작디작은 나룻배에 불과하다. 이제야 그 작은 배에 미흡한 수필집을 실어 닻을 올리게 되었다.

코로나19로 세상이 힘들었음에도, 나는 소중했던 낱낱의 일상과 흩어져 있던 생각을 콕콕 찍어 글로 담는 일이 어렵고도 즐거웠다. 누가 하찮은 나에 대해 궁금해 한다고 이렇게 열정적으로 쓰는 것일까. 글을 쓰면서 내게 껌딱지처럼 붙어 떠나지 않는 생각이었다.

하지만, 가장 나답게 사는 것이 무엇인가를 생각하게 되었을 때 삶이 나에게 말을 걸었다. 아무리 평범했을 삶이었을지라도 흔적도 없이 그냥 흘려버리기에는 인생은 너무 소중하지 않느냐고. 그러면서 나의 삶이 내면에서 밖으로 뻗어나간 것이 아니라, 바깥에서 안으로 떠밀리는 삶은 아니었는지 되짚어보게 되었다.

내 마음에 귀를 기울이기 보다는 스스로의 성찰에 귀를 기울이고 상대의 기분과 비유만 맞추며 살지는 않았는지! 오늘의 이 순간은, 내일이면 영영 돌아오지 않을 것이니 가슴 벅차게 살아봐야 되지 않겠냐고. 지금까지 보다 좀 뻔뻔하게 살아보면 어떠냐고. 그 변곡점에 섰을 때 글을 쓰기 시작하게 되어 용기를 갖게 되었다.

항해를 처음 시도하는 것이니만큼 닻을 올리고 노를 젓는 일에 서투른 점이 분명 많으리라. 무식하면 용감하다는 말을 이럴 때 쓰는 것이 아닐런지….

하긴, 오히려 나잇살이 무기가 될지도 모르겠다.

시간이 갈수록 그 용기는 나에게 소망을 주고 날개를 달아 주었다. 용기의 날개가 퍼덕거릴 때마다, 갇혀있던 소소한 삶속의 기쁨과 재미와 눈물과 웃음이 봉숭아 씨처럼 톡톡 튀어 나와 글감이 되어 주었다.

요즈음은 마음 아픈 사연들과 소식을 보고 듣는 순간 예전과 달라져 마음 아픈 것에서 끝내는 것이 아니라, 그 문제나 아픔을 당한 사람을 위하여 즉시 그 자리에서 하나님께 기도를 한다는 것이다. 그것이 내 마음이 전달될 수 있는 유일한 방법이기 때문이다. 하나님께 맡기고 나면 한결 마음이 평안해짐을 느낀다.

  혹여 나의 수필에 부족한 부분이 있더라도 기도로 응원해 주시길 감히 부탁드리고 싶다.

  여기까지 한 걸음 한 걸음 올 수 있었던 것은, 학창시절에 문학의 향기를 뿜어주신 김수남 선생님, 나의 부족한 글에 격려와 소망을 갖게 해주신 최성배 선생님의 덕분이다. 두 손 모아 감사인사를 올린다.

  그리고 글속에 들어있는 여러분들 때문에 나의 일상은 행복했다고 말하고 싶다. 그 모든 분들께도 깊은 감사를 드린다.

★ 가장 나답게 사는 것이
무엇인가를 생각하게 되었을 때
삶이 나에게 말을 걸었다

| 차례 |

1부   콜라비를 닮은 그녀

작가의 말 · 4

다시 찾은 추억이었지만	→ 14
수영팬티 끈	→ 26
나는 내가 예쁜 줄만 알았다	→ 37
추모헌수	→ 44
콜라비를 닮은 그녀	→ 53
사진 속의 시간	→ 60
찬스에 강한 해당화	→ 67
실수뭉치	→ 74
연필 부부	→ 83
나의 집	→ 89

포개진 밥공기　　　2부

캐리어로 인한 행복　→ 98
칵테일 거짓말　→ 104
퉁이를 사랑하는 딸　→ 111
포개진 밥공기　→ 118
옛날 사람이라니!　→ 123
정들었던 집　→ 129
멋쟁이　→ 135
총각무의 행복　→ 143
용기의 씨앗　→ 149
한 여름 밤의 고비　→ 156
얼마나 아팠을까!　→ 163

| 차 례 |

3부 마음을 찍는 AI

갈팡잘팡 오염된 세상 → 172
마음을 찍는 AI → 177
나의 조세주(上편) → 181
나의 조세주(下편) → 187
멘토링이셨던 아버지 → 193
친정 엄마 → 200
고향마을의 시냇물 → 207
송강마을 → 211
우리의 수다 → 217
낯선 이웃들 → 226

조미료 1ts   4부

온실에서 꽃을 피운 아이 → 237
묵혔던 마음 → 243
조미료 1ts → 248
추석 이대로 좋기만 할까 → 255
앨범을 안 샀다 → 262
추어탕 집에서 생긴 새로운 노선 → 271
불러도 대답 없는 엄마 → 277
으뜸길에 핀 꽃님이들 → 285
마음 치유소 → 291
연금 나이 한 살 → 298
코로나로 생긴 취미 → 304

발문 김수남 소설가 → 311

1부 — 콜라비를 닮은 그녀

다시 찾은 추억이었지만

친정 엄마에게서 전화가 왔다.

"너 혹시 전영이라고 아냐?"

"전영이? 전영이?"

"시골에 살 때 너랑 국민학교에서 같은 반 이었다는디?"

"그런데 전영이가 우리 집을 어떻게 알고 왔대?"

"전영이 고모가 저 밑에 사는데 시골서부터 엄마랑 알고 지내는 사이였어."

"그래서 알게 됐네 벼."

"국민학교 동창 애덜이 너를 찾는다고 멀리서 일부러 찾아왔다."

그 소식을 들은 나는 너무나 반가웠다. 나는 4학년까지 시골 학교에 다니다가 대전으로 전학을 왔지만, 언제나 시골 초등학교를 졸업한 것처럼 마음속 깊이 추억으로 똬리를 틀고 있었다. 40년이 지났는데도 친구들이 나를 잊지 않고 찾고 있다니… 이게 꿈인가, 생시인가!

나도 마찬가지로 11살 때 헤어진 그 친구들이 정말 보고 싶었다. 특히 우리 반 반장이었던 친구랑 공부를 잘했던 명순이, 순자가 보고 싶었다. 모두 어디서 무엇을 하며 살고 있는지, 가끔은 꿈에서라도 만나고 싶었는데….

"엄마! 빨리 바꿔줘 봐."

"여보세요? 경애니?" 저쪽에서 들려온 차분한 목소리였다.

"반갑다 경애야~ 친구들이 너를 몇 년 전부터 엄청 찾고 있어. 주위 사람들에게 알아보기도 했었거든. 특히 명순이랑 순자가 너를 무척 보고 싶어 한다."

전영이는 두서없이 말을 쏟아냈다. 나는 가슴이 뭉클하여 눈물이 났다. 그녀들은 나를 찾기 위해 연결되는 주위 친척과 지인들에게까지 수소문 해보자고 했단다. 그래서 전영이가 친정엄마가 알고 있는 그 고모를 통해 친정집까지 찾아온 거였다. 하지만, 전화 속 전영이는 가물가물 생각이 날듯 말듯 했다. 무척 당혹스러웠다. 그러다가 갑자기 전영이의 어렸을 적 모습이 또렷이 떠올랐다.

"전영아?"

"너 키 크고 뚱뚱하고 상고머리에 항상 코를 훌쩍훌쩍 했던 애 아니니?"

아뿔싸! 또렷이 생각난 것이 너무 기뻐서 그만, 기억 난 대로 나도 모르게 조심성 없이 함부로 말을 해버렸던 것이다. 40년만의 친구에게 할 말은 아니었다. 순간 난감하고 미안했다.

"너 무척 착하고 공부도 잘 했었잖아? 그 전영이 맞지?"라고하자 그제야 그녀는 하하 웃으면서 "그래 그 전영이여. 어릴 적에 내가 항상 코를 많이 흘렸었지. 괜찮아."라고 했다. 우리는 그때부터 일단 궁금한 것부터 물어보며 한참을 통화했다. 명순이가 나를 찾으면 바로 본인에게 먼저 알려달라고 했다며 그쪽에 전화번호를 알려주겠다고 했다. 전영이와 통화가 끝나자마자, 명순이에게서 전화가 왔다.

우리는 서로 명순아! 경애야! 웬일이니? 를 반복하며 반가워했다.

"어디사니? 뭐하니? 성공했니? 애는 몇이니? 순자는? 월순이는? 나는 궁금한 것이 너무도 많았던 것이다. 그런데 흥분한 나에게 명순이는 차분한 목소리로, "경애야~! 부모님은? 엄마, 아버지는 살아계시니?" 하고 안부부터 물어보는 게 아닌가.

나는 얼씨구나 하고 친구들 외에는 아무런 관심도 두지 않았는데, 역시 명순이는 예나 지금이나 나보다 훨씬 어른스러웠다. 부모님 두 분 다 살아 계시다고 했더니, 그녀는 무척 좋아했다. 감사하다며, 엄마 아버지도 뵙고 싶다며 당장 내일 오겠다고 했다.

"그래 낼 만나자" 하고 우리는 전화를 끊었다. 한참 동안 기쁜 마음이 가라앉지 않았다. 살다보니 이렇게도 좋은 일도 생기는구나. 정말 좋았고 감사했다. 친정엄마에게 명순이가 내일 온다고 전화 드렸더니 엄마도 무척 좋아하셨다.

명순이는 초등학교 때 공부를 참 잘하는 아이였다. 거의 일등을 놓치지 않았다. 글씨도 잘 쓰고 나와는 다르게 뭐든 적극적이었다. 부지런하고 어른스럽고 노력하는 애였다.

나보다 키도 더 컸다. 몇 학년 때인지는 기억나지 않지만, 선생님께서 명순이와 순자랑 나를 교내가 아닌 다른 곳에서 주최하는 협동미술대회에 대표로 내보낸 적이 있었다.

우리는 그 때 입선을 해서 전교생이 모인 아침조회시간

오랜 친구들이 주는 축복 중의 하나는
당신이 그들과 함께일 때
바보 짓을 해도 괜찮다는 것이다.

Emerson

에 운동장 단상에 올라가 세 명이 나란히 교장선생님께 상을 받았었다.

　40년 전의 이런저런 생각을 하며 명순이를 만날 생각에 밤잠을 이루지 못했다.

　이튿날 아침 명순이에게서 전화가 왔다. 오늘은 반나절만 일을 하고 인천에서 오후 2시에 출발해서 5시쯤 대전에 도착하겠다고 했다. 나는 그 시간에 맞춰서 고속터미널로 나가 기다렸다. 5시에 인천버스가 도착했다. 그런데 명순이는 보이지 않았다. 잠시 후에 또 다른 인천버스까지 들어왔다. 두리번거리며 이번에는 내리겠지 했지만, 이번에도 보이지 않았다. 버스에서 내린 사람들은 모두 어디론가 빠르게 사라지곤 했다.

　이번에는 꼭 내리겠지? 내리면 명순아! 하고 꽉 껴안아주어야지! 그리고 펄펄 뛸까! 나는 그런 모습을 상상하며 계속 서 있었다. 이어서 또 한 대가 도착했지만, 명순이는 이번에도 보이지 않았다. 나는 핸드폰을 열었다 닫았다 하며 전화를 해볼까하다가 무슨 사정이 있겠지 하고 더 기다려보기로 했다. 한참을 서 있다가 주위를 둘러보았다. 그런데 저쪽에서도 어떤 이가 혼자 두리번거리며 서 있었다. 버스에서 내리는 사람들은 순식간에 어디론가 사라지고, 지금 이곳에는 저 사람과 나만 달랑 남아 있었던 것이다. 그러면서 그냥 서로 멀뚱멀뚱 관심 없이 쳐다보고 있다가 동시에 같은 생각을 하는 것 같았다. 오늘 약속을 절대 잊을 리가 없고! 이곳에 지금 둘밖에는 없고! 그렇다면 혹시?

둘이 마주보며 서로에게 다가갔다. 상대방은 핑크색 보자기로 싼 보따리를 들고 있었다. 요즘시대에 웬 핑크빛 보따리를? 설마 저 애가 명순이? 상대방도 약간 의아한 표정으로 가까이 다가오더니 말을 걸었다

"저~혹시? 류경애?"

"그럼 혹시, 명순이?"

우리는 서로를 알아보지도 못했으면서 이름만 확인한 상태로 부둥켜안고 흔들고 그 자리에서 꼼짝 않고 서서 이야기를 했다. 명순이는 '우리가 살아있으니 이렇게 만나는구나!' 하며 자신의 소원이 이루어졌다고 했다.

"경애야! 죽기 전에 너를 만나는 것이 내 첫 번째 소원이었다."라고 명순이가 말했다. 나도 완전 짝사랑은 아니었구나! 생각이 들었다. 나도 명순이를 무척 보고 싶어 했기 때문이다. 우리 둘의 꿈이 이루어지는 순간이었다. 그리고 보니, 아까 버스에서 내리는 것을 봤던 게 분명하다. 하

지만 초등학교 4학년 때 모습만 생각하고 있었으니, 40년 세월이 지난 얼굴을 알아볼 리 만무했다. 우린 서로의 모습에 대해서는 입을 다물었다.

그것은 서로 너무 늙었다는 무언의 대화가 아니었을까. 잠시 시간이 지난 후 차츰차츰 예전 4학년 때의 모습이 그대로 나타났다. 그제야 똑같다는 둥, 그대로라는 둥, 늙지 않았다는 둥, 서로 신기해하며 웃었다. 남편이 지방의 지점장으로 있었기 때문에 주말 부부였고, 아들은 군대에 가고 마침 딸도 엠티를 갔었나! 해서 우리는 밤새도록 이야기꽃을 피웠다.

그날 밤 나는 명순이에 대해 몰랐던 사실을 많이 알게 되었다. 나보다 나이가 두 살 많다는 것도 그날에야 처음 알았다. 막내 동생을 돌보지 않고 등교하면 부모님께 혼났기 때문에 공부가 너무 하고 싶어서 동생을 업고 학교를 다녔단다. 수업이 방해가 된 동생 때문에 하루는 부모님이 밭에 나가시는 것을 보고 동생이 밖으로 나가지 못하도록 끈으로 묶어 놓고 학교에 간 적도 있었다는 것이다. 그러나 동생이 혼자 울다 자다 먹다 한 흔적을 보고 나서 너무 안쓰러워 선생님께 학교를 못 간다고 말씀 드렸더니, 업고 오라고 하여 동생을 업고 학교에 가게 된 계기가 되었다고 했다. 그리고 그녀가 우리 부모님을 무척 부러워했다는 점을 나는 전혀 모르고 있었다.

학교에서 돌아오면 쉬지 못하고 바로 집안일과 밭일까지 어린 명순이가 도맡아 해야만 했었다. 그래서 초등학교를 졸업하고 가출하듯 무조건 서울로 올라갔단다. 가발공장에 다니면서 검정고시로 고등학교까지 공부하여 지금은 전문 기술을 가지고 일하며 잘 살고 있었다. 그녀의 이야기를 듣는 내내 많은 고초를 겪으며 살았음을 알고 마음이 아팠다. 오히려 나는 아무것도 모른 채 편하게 살아온 게 부끄러웠다.

나는 반장이었던 애가 너무 궁금했다. 그런데 알고 보니 세상에! 아주 가까운 곳에 살고 있는 게 아닌가! 그것도 같은 행정구에 살고 있었다. 우리는 당장 내일 점심에 만나자고 약속을 잡았다. 나는 그 애가 정말 어떻게 변했을지 궁금했다. 그리고 명순이는 동창들에게 경애를 찾았다고 번개팅을 주선했다. 반장했던 애는 점심에 따로 만나야 할 정도로 기대하고 있었다. 반장네 그 집은 그 동네에서 땅 부자였다. 공부도 잘 하고 키도 크고 잘 생겼었다.

이튿날, 아침 일찍 명순이와 함께 분홍색 보따리를 들고 친정집에 가서 부모님께 인사를 드렸다. 명순이의 분홍색 보따리는 우리 부모님께 드릴 우족이었다. 엄마는 빈손으로 와도 고마운 판에 이렇게 좋은 선물을 가지고 온 것에 무척 고마워하며 성공했다니 잘되었다고 기뻐하셨다.

　우리는 친정집에서 나와 약속 장소에 먼저 가서 기다리고 있었다. 드디어 반장이었던 애가 걸어 들어왔다. 분명 맞는 것 같은데, 아니길 바라는 마음은 뭐지? 키는 적어도 180? 통통한 스타일 이었으니까 몸무게는 90? 하지만, 얼굴만 그대로였다. 만나자마자 많이 궁금했었다며 반 친구들이 모두 너를 많이 보고 싶어 하더라며 '잘 살았나보네' 하고 말을 이어갔다. 어렸을 때도 잘난 척을 많이 했었는데, 그 모습도 변하지 않아서 속으로 웃었다.

　중간 중간 늙어가는 모습을 봤더라면 덜 실망했을 텐데! 둘 다 조금씩 실망한 것을 내색하지 않은 채, 우리는 저녁 번개에서 다시 만나기로 하고 헤어졌다. 번개모임은 신탄진에 사는 친구의 음식점에서 하기로 했다. 그런데 깜짝 놀랐다. 30명쯤의 남녀 친구들이 번개모임에 나왔던 것이다. 너무나 반가웠다. 남자애들은 반갑다며 립서비스가 충만했다. 내게 이슬만 먹고 살았냐고 하질 않나, 관상을 보니 자식이 잘될 것 같다고 하질 않나? 그렇게 시간 가는 줄도 모르고 한자리에서 밤늦게까지 수다를 떨었다.

명순이는 고향의 언니 집에서 자고 이튿날 순자랑 셋이 또 만났다. 우리는 어쩜 똑같이 같은 선생님을 잊지 못하고 있었다. 4학년 때 김병곤 선생님을 각자 기억하고 있었다. 자전거를 타고 다니셨고 항상 베레모를 쓰고 다니셨던 인자하신 선생님. 우리를 혼내기 보다는 타이르며 공부도 잘 가르쳐 주셨다.

　명순이가 동생 보는 이유로 학교 빠진 것을 아시고 애기를 업고 오라고 했던 선생님이 바로 그 김 선생님이셨다는 것도 그날에야 알았다. 명순이의 안내로 우리는 선생님께 드릴 선물을 준비해서 바로 찾아뵈었다. 연세는 드셨지만 건강한 모습이셨다. 선생님은 우리가 기억난다며 무척 반가워하셨다. 그렇게 선생님과 한참을 옛 이야기를 한 후 명순이는 다음 동창모임에서 보기로 하고 인천으로 갔다.

　나는 그 후 애경사에도 가고 동창모임도 나갔다. 하지만 그렇게 만나고 싶었던 친구들이었지만 마음처럼 쉽지가 않았다. 문제는 나 자신이었다.

　우물 안에 개구리처럼 고작 시댁과 친정, 집과 교회 밖에 몰랐던 터라, 재미있게 노는 방법도 잊고 살았던것 같다. 어울리는 것이 너무 어색했다. 나는 그렇게도 그리웠던 고향의 초등학교 친구들을 찾았지만 현실은 달랐다. 차라리 기억으로만 남았던 4학년 그때가 나았을까? 추억이 머물러 있었음이 흐뭇했을까.

나는 아무것도 모른 채
편하게 살아온 게
부끄러웠다

수영팬티 끈

아들이 고등학교를 졸업하고 얼마 지나지 않은 어느 날이었다. 나에게 할 말이 있다며 평소와 다르게 심각한 표정이었다. 할 말이 있다는 소리에 왠지 불안감이 들었다.

"좋은 일? 아님 안 좋은 일?"

마음이 불안하여 급하게 물어보니 본인에게는 아주 좋은 일이라고 했다. 아들에게는 좋은 일이라니 일단 안심이 되었다. 그런데 아들은 뜸을 들이듯 이제까지는 엄마가 시키는 것 거절하지 않고 하라는 대로 말 잘 들었으니까, 딱 한 번만 본인이 하고 싶은 것을 할 수 있도록 허락해 달라는 것이었다. 덧붙여 이번에는 자신의 인생이 걸린 문제니 무조건 승낙해줘야 한다고 했다. 도대체 무슨 이야기를 하려고 그러는지 은근 걱정이 되었다.

"뭔데?"

"먼저 약속부터 해줘요! 이번엔 정말 내가 하고 싶은 거란 말이에요. 얼른요. 빨리요."라고 재촉하는 바람에 나는 그냥 "알겠어."라고 했다.

"그동안 엄마가 나를 온실 속의 화초처럼 키워줬다는 생각을 했어요. 그러나 이번에는 넓은 들판으로 나가 야생처럼 강함을 경험하고 싶어요."라고 서두가 길었다. 무슨 말을 하려고 뜸을 들이지는 몰라서 내심 걱정이 뒷목을 잡아당겼다.

"그래서? 얼른 말을 해봐"라고 했더니 잠시 뜸을 들이고는

"저 군대요. 해병대 가려고요." 아들의 말이 채 끝나기도 전에 나는

"용준아! 안돼. 안돼. 그것만은 정말 안돼! 남들은 군대를 쉽게 갈려고 하는데, 왜 일부러 힘들게 가려고 그래? 제발! 이 일만은 빼고 다른 것은 모두 허락해 줄게. 차라리 공익요원으로 갈수 있었으면 싶었는데 이건 무슨 청천벽력 같은 소리야?"

큰일이구나 싶었다. 하지만 아들은 전혀 뜻을 굽힐 생각

이 없어보였다. 이미 결심이 선 것 같았다. 잠시 후에 아들은 다시 말을 이었다. 해병대 안에 수색대가 있는데 거기로 지원하겠다는 것이다. 나는 사실 군대에 관해서는 전혀 모르고 있었다. 옆에서 아들과 나의 대화를 묵묵히 듣고 있던 남편이 그제야 끼어들었다.

"용준아! 왜 그렇게 힘들게 가려고 해? 거기가 얼마나 힘든 곳인데, 네가 가서 버티기 힘들 거다. 듣는 거와는 다르다. 지금까지 힘든 일 한 번도 안 해본 네가 어떻게 감당하려고 그러냐? 남들 말만 듣고 갔다가는 큰일 난다. 몸이라도 다치고 그러면 어쩌려고? 다시 한 번 생각해보자. 네 체력조건도 그렇고…."

아들의 발바닥은 내 손바닥보다 부드럽고 굳은살도 하나 없다. 여름철에도 양말을 꼭 신고 슬리퍼를 신고 다니는 아이였다. 더구나 손은 가늘어 뽀얗고 허우대만 컸지 체력이 그다지 좋은 편은 아니었다. 추위도 많고 더운 탐도 많고 쉽게 피곤해 하며 잠도 많았다. 그런 애가 어떻게 해병 수색대를 생각하고 있는 건지.

"그런데 왜? 그렇게 꼭 해병수색대를 가려고 생각했니?" 아들은 바로 이어 말을 했다. "내가 원하는 대학을 가지 못한 것에 대한 부족함을 군대생활로서 채워보고 싶어요."

라고 말했다. 그 말을 듣는 순간, 마음이 짠했다. 그동안 공부하느라 책상에만 앉아 있어서 체력은 부족하지만, 지금부터 수영을 비롯해 필요한 조건들을 하나씩 갖추어 나가면 된다는 것이다. 아들의 이야기를 듣고 나니 남의 말만 듣고 가겠다는 것은 아닌 듯싶었다. 남편은 "잘만 다녀오면 남자로써 더할 나위 없겠지만, 부모로써는 허락해 주기가 쉽지 않네."라고 무겁게 거들었다. 하지만 아들은 우리의 엉거주춤한 태도를 허락 받은 걸로 알고 준비하겠다는 것이다. 아직 군대를 가려면 멀었지만 나는 그 때부터 걱정이 되었다. 나는 밤새도록 잠을 이루지 못했다. 생각만 해도 자꾸 눈물이 나왔다.

아들은 그 다음 날부터 당장 체력을 키우기 위한 운동과 수영을 시작했다. 수색대의 시험도 통과를 해야만 한다며 열심히 준비하는 모습이었다. 한 날은 심각하게 시력 때문에 '라섹'을 해야 한다고 했다. 안경을 쓰면 안 되는지? 안 해줄 수가 없었다. 그래서 눈 시술까지 했다. 그래서 그런지 아들의 체력은 차츰차츰 강해지는 것 같았다. 공부에 열중할 때보다 운동을 열심히 하는 아들의 모습이 왠지 더 행복해 보이는 것 같았다. 해가 바뀌고 또 한 해가 지나갔다. 팔뚝과 허벅지를 누르면 오히려 내 손가락이 아플 정도로 아들은 '근육맨'이 되었다. 그 작디작은 애기가 이제 강하고 늠름한 청년의 모습으로 변한 것이다.

포항까지 남편이 차를 몰고 가는 동안 나는 조수석에서 숨죽이고 하염없이 눈물을 흘렸다. 행여 아들이 눈치라도 챌까 싶어 입을 다물고 꾹 참고 있었다. 큰 기침으로 상황들을 모면하면서 부대 근처에 도착했다. 점심을 물회로 먹는데, 그때는 도저히 참지 못하고 화장실로 달려가 실컷 울고 나왔다. 점심을 먹는 둥 마는 둥 하고 해병부대 입구에 도착하니 갑자기 소름이 끼쳤다. 빨간 모자를 쓴 저 군인들이 아들을 끌고 가서 어떻게 할 것 같았다. 빨간 모자가 저렇게도 무서운 거였나! 위협감이 느껴졌다. 심장이 계속 두근거렸다.

드디어 아들은 해병대에 입소를 했다. 연병장에서 행사가 끝나고 이제 헤어져야 할 시간이 되었다. 입소병사들은 부모님께 마지막 인사를 하더니

"모두 뒤로 돌아!" 구령 소리와 함께 아들은 동료들과 빨려 들어가듯 사라졌다. 기가 막히고 너무나 무서웠다. 마치 내 아들이 전쟁터에 끌려가는 것만 같았다.

힘이 빠져서 잠깐 주저앉았다가 집으로 돌아오는 내내 울었다. 남편은 옆에서 '괜찮아. 괜찮아'만 되풀이했다.

훈련기간 동안은 홈페이지로 들어가면 아들이 훈련받는 사진들이 부분적으로 올라 왔었다. 아들 사진이 올라오면 복권에 당첨된 것처럼 기뻤다. 그다음 사진이 올라 올 때까지 그 사진들을 보고 또 보곤 했다. 하지만 그 모습들은 초췌하고 힘들어하는 모습들이었다. 왜? 저렇게 힘들게 갔는지, 후회하고 있지는 않은지, 마음 같아서는 당장 데리고 오고 싶었다.

나중에 들은 이야기이지만, 아들은 수색대를 지원했으니 넘어야 할 산이 또 하나 남은 것이다. 몇 종목의 시험을 모두 합격해야 한다고 말했다. 다른 종목은 좋은 성적이었는데 수영시험에 난관이 생겨 떨어지기 직전이었단다. 왜냐하면, 수영시험 보는 도중에 하필 수영팬티 끈이 끊어진 것이다. 그래서 목표시간에 들어오지 못한 아들은 갑자기 혈압이 급상승하며 쓰러지기 일보직전이었다고 한다. 자기 자신이 대학에 다니며 그렇게 노력했건만, 수영 종목 때문에 수색대에서 탈락된다는 것은 도저히 용납할 수가 없었단다.

그래서 감독관에게 그 자리에서 큰 소리로 수영팬티 끈이 끊어진 것을 보여주며 '너무 당황하여 나머지 한손으로 붙잡고 오느라 늦었습니다. 수영팬티를 벗고 다시 하겠습니다. 허락해 주십시오.' 라고 외쳤다는 것이다. 그 순간, 함께 수영시험 봤던 병사들은 일제히 촉각을 세우고 갑자기 쥐죽은 듯 조용해졌단다. 감독관은 아들의 표정에서 수색대에 들어가고 싶은 용기가 느껴졌는지 허락했고, 아들은 수영팬티를 벗고 호루라기에 맞춰 물속으로 뛰어들었던 것이다. 물론 우수한 성적으로 해병수색대에 합격을 했다. 어떤 종목인지 1등으로 합격한 종목도 있었단다. 그래서 해병수색대에서 군 복무를 잘 마치고 아무 탈 없이 더욱더 건강한 아들이 되어 돌아왔다.

그 후 4년이 지나고 취업 마지막 면접 때의 일이었다. 깜깜한 소강당에서 심사위원들이 흩어져 앉아 있었다고 한다. 강단 위에만 조명이 켜있고 그 자리에 서서 심사위원들의 질문에 대답을 해야 했다. 수백 명 중에 마지막 이 십 명도 채 안 되는 사람만 남았고, 여기서 마지막 몇 사람만이 합격이 결정되는 순간이었다.

아들은 자신의 차례를 기다리는 내내 얼마나 두근두근 떨렸을까!

드디어 아들 차례가 되어 한 줄의 불빛 아래 서 있는데, 깜깜한 허허벌판에 홀로 서있는 느낌이었단다. 무척 떨렸지만 그동안 군대에서 갈고닦은 정신을 발판으로 두 다리에 힘을 주고 반드시 서서 질문을 받았다고 한다. 마지막 질문자가 '이제까지 살면서 가장 기억에 남는 것은 무엇인가?' 말해 보라고 했을 때, 아들은 수영팬티 끈이 끊어져 발가벗고 수영한 사건을 말하고, 그 추억이 잊혀지지 않는다고 답했단다. 그런데 깜깜해서 보이지는 않았지만 누군가가 박수를 치며 일어나는 것 같았다고 했다. 그러자 여기저기서 박수 소리가 들렸고 심사위원 모두 박수를 치는 것 같았다고 했다. 아들은 그 순간이 무척이나 감동적이었다고 했다. 수영팬티 끈이 끊어진 날은 혈압이 올라 지옥을 경험했다면, 면접심사의 날은 왠지 합격으로 가는 천국의 계단을 경험하는 느낌이었다고 했다.

그 후에 '됐다! 나는 합격 할 수 있겠다!'라는 생각이 잠시 들었지만 끝난 게 끝난 것이 아니었다. 불안하기는 마찬가지로 마지막 절차인 신원 조회까지 마치고도 한 달을 더 기다려야 했다. 한 달이 일 년처럼 느껴진다며, 걱정하는 아들에게 너무 걱정하지 말자고 매일 말해놓고도, 나는 아침마다 금식을 하며 마음을 함께 나눴다. 그러면서 왜? 내가 아들을 낳아서 저렇게 힘들게 하나 별생각을 다 하기도 했었다.

드디어 기다리던 합격통지를 받게 되었고, 나는 펄펄뛰

며 기뻐했다.

그런데 그때 아들은 덤덤히 이렇게 말하는 것이다.

"암만 생각해 봐도 면접심사 때 수영팬티 끈 끊어진 대답이 결정적이었던 것 같아요, 엄마."

나는
내가
예쁜 줄만 알았다

어렸을 때 예쁘지 않은 아이가 있을까.

아버지는 늘 내게 세상에서 제일 예쁜 딸이라고 하셨다. 그런 말을 귀가 닳도록 들었던 까닭인지 나도 내 얼굴이 양귀오파트라쯤 되는 줄로만 여겼다. 요즘말로 아버지 역시 딸바보였던가 보다. 아버지에게 사랑을 받았던 그 어린 시절이 예순이 넘은 지금도 불현듯 떠오른다.

사진 속의 아이, 나는 세침하고 당당했다.

아버지 어머니한테 한 번도 혼나지 않은 아이, 착하고 공부까지도 잘하는 그런 아이, 그 무렵에 아버지는 공무원이었다. 길을 나서면 사람들은 엄마를 '사모님'이라고 불렀다. 엄마는 언니와 나를 양장점 아니면 편물점에 데리고 가서 옷을 맞춰주었고 우리는 날마다 옷을 번갈아 입고 등교했다.

아버지의 사무실은 학교 앞에 있었다. 빨강가방 메고 빨강구두 신은 언니와 나는 언제나 아버지 양손을 붙잡고 좋아라 등교를 했다. 새처럼 재잘거리면 아버지는 우리를 번갈아 바라보시며 지그시 웃곤 했다. 우리말에 일일이 대꾸하고 들어 주는 일은 덤이었다.

자랑스러운 아버지, 신이 난 나는 아버지의 그런 모습이 몹시 자랑스러웠다. 우리의 등굣길을 부럽게 바라보는 동네 아이들의 눈망울이 지금도 선하다.

책가방보다 책보자기, 거기에 또 까만 고무신을 신고 다녔던 60년대 시절의 시골 아이들은 흑백영화의 풍경화였다. 철딱서니 없던 나는 나를 쳐다보는 눈길 속에서 날마다 즐거운 공주였다. 아이구머니나, 착각인 줄도 모르고 나는 그저 내가 무지무지 예쁜 줄로만 알았으니.

하지만, 그 착각은 초등4학년 때까지였다.

아버지가 그랬다.

"얘들은 도시에 있는 중학교로 보내야 해."

우리는 대전에 있는 할머니 댁으로 이사를 했다. 언니는 중학교에 들어가고 나는 초등학교 5학년 전학생이 되었다.

환경이 바뀌자 나는 갑자기 모든 것이 낯설었다. 시골학교에서 우쭐댈 줄만 알았던 나는 세련된 도시의 아이들을 보면서 비로소 내가 촌스럽다는 것을 깨달았다. 난 점점 자신감을 잃기 시작했다. 시골에서는 우등생이었지만, 도시의 학교 성적은 어느새 두 자리 수로 바뀌었다. 내 위축은 점점 깊어갔다.

선생님의 사랑을 듬뿍 받았던 시골학교 시절이 꿈만 같았다. 그런데 도시학교에서는 아아, 이게 뭐지? 나는 이름도 잘 모르는 전학생으로 전락되고 말았다.

공부도 특별히 잘 하지도 못한 아이, 다른 아이들의 관심 밖으로 밀려난 아이, 튀지 않고 그저 그런 평범한 아이, 나는 하루하루가 재미없었다. 그래서 학교 가는 것조차 시큰둥했다.

마침내 아버지가 눈치를 챘나 보다. 내가 걱정스러웠는지 아버지는 선생님을 자주 만나 뵙곤 여러가지 상담을 하셨던 것 같다. 그 후 나는 합창부에 들어갔고 걸스카우트에도 입단하게 되었다. 이상해라, 합창복과 걸스카우트 유니폼을 입었는데도 나는 부티가 나지 않았다. 엊그제 얻어다 심은 꽃모종처럼 시들시들했다.

나는 세련된 몇몇 아이들을 질투했다. 걸핏하면 선생님이 예뻐 할 것 같은 전교 일이등하는 애들과 나를 비교했다. 선생님과 아버지가 애쓰신 덕분에 이제 좀 적응이 되는가 싶던 즈음에 나의 초등학교시절의 끝이 찾아왔다. 그렇게 허무하게, 초등학교 시절은 저 멀리 사라지고 말았다. 생각해보면 '그냥 보통아이'로 각인된 채 나는 중·고등학교를 졸업한 것이다.

주위 사람들의 말에 솔깃하여 대학진학을 포기하고 은행에 들어갔다.

그런데 이게 어쩐 일이었을까? 은행원으로 근무하기 시작하면서 나는 어느새 당당하고 뜨거워져 있었다. 10년 넘는 은행원 시절, 초등학교 때의 그 자신감이 나도 모르게 되살아나 있었던 그 부활의 이유는 지금도 알 듯 모를 듯하다.

그건 신비스럽다고 할 만큼 엄청난 변화였다. 롤프레잉을 할 때마다 나는 최우수 직원으로 뽑혔고 직원들 사이에는 나를 모르면 '간첩'이라는 우스갯소리까지 나돌았다. 정말이지 자신감 넘치게 광 나는 하루하루였다. 도대체 자존감은 어디서 숨바꼭질하다가 그제야 고개를 내밀었을까?

30년 동안 나는 스스로 예쁜 줄만 알았을 뿐 아니라 또 다시 자신감 충만하게 삶을 살았다.

그런데 그런데…. 수십 년 만에 뜻밖의 소리를 들었다.

남편의 퇴직기념으로 미국 시애틀에 사는 시누이 집에 시어머니를 모시고 여행 갔을 때의 일이다. 이런저런 추억 이야기를 하고 있는데, 시누이는 느닷없이 "엄마" 하고 시어머님을 불렀다.

"엄마, 엄마는 왜 그렇게 올케언니에게 잘해?"

"엄마도 다른 시어머니들처럼 오빠한테 잘 하라고 그러는 거야?"라고 하자, 어머니는 뜸들이지 않고 단숨에

"그럼"이라고 대답하자 시누이는 "아이고, 우리 엄마도 별수 없네." 하며 너털웃음을 웃는 게 아닌가.

모녀의 대화를 듣고 나는 깜짝 놀랐다. 그러고 나서 어머니는 갑자기 새침한 표정을 짓더니, 내가 들을세라 목소리를 죽여 살짝 말했다.

"오빠가 처음에 그러더라."

"뭐라고?"

"얼굴은 그다지 예쁘지 않지만, 집안도 좋고 장인장모님에게서 교육을 잘 받은 것 같다며 시부모에게도 엄청 잘할 것 같다."라고 그 말을 듣는 순간, 나는 기가 막혀서 심장이 멎을 뻔 했다.

그러니까 어머니는 아들에게 '취직을 잘 했으니 돈 좀 벌면서 동생들 공부도 시키고 3년 후에 결혼하면 좋겠다고 말했다'는 것이다. 그런데도 아들은 '좋은 사람을 만났으니 결혼을 해야겠다며 나를 부모님에게 저리 말했다는 것이다.

억지로 보탠다면, 시어머니와 남편이 나의 이용가치에 합의한 셈이 아닌가.

나 원 참, 내가 무슨 정약결혼의 제물 같았다.

스물스물 화도 났다. 하물며 어머니는 그런 말씀 끝에 아들 말이 굿(good)이라는 듯 뿌듯해 했다.

그동안 나와 시어머니는 누구나 부러워할 만큼 사이가 좋았다. 고부의 갈등이란 전혀 없었다. 그런데 이게 뭐지? 위선인지 필요악인지 아들 때문에 잘해준 거라구? 물론 그것이 다는 아닐 것이다.

하지만 그날은 눈물이 왈칵 쏟아질 뻔 했다. 자꾸만 친정아버지가 떠올랐다.

추억속의 아버지가 내 등을 토닥였다.

"넌 세상에서 제일 예뻐."

아버지의 칭찬이 대체 천 번이었던가 천 한 번 이었던가? 아버지, 내가 저런 소리를 들어야 할까요?

시애틀만 아니었더라면, 곧장 돌아와 버리고 싶었다. 남편과 시어머니를 정말로 용서하지 못할 것 같았다.

그러나 세월은 역시 명약이었다. 곰곰 생각해보니, 30년 넘게 지금까지 남편은 '내편'이었다. 다시 태어난다 해도 나랑 다시 결혼할 거라고 주문처럼 외던 착한 남편이었다.

"오해야 오해야" 진심 어린 남편의 설명을 듣고 나서야 나는 옛날의 초등학교 4학년으로 다시 돌아갔다.

가까이에서는 사진을 찍으면 절대로 안 되는 이 나이에, 시어머니 소리를 들었으니 망정이지….

예쁘면 어떻고 안 예쁘면 어떤가?

예쁜 줄만 알게끔 키워주신 아버지, 그 아버지가 고맙고 고맙고 고맙다.

"아버지, 난 예뻐요. 아버진 거짓말 안 하시는 분이잖아요."

추모헌수
追慕獻樹

아버지가 떠오를 때면, 친정집과 머릿속에 고스란히 남아있는 그리운 정원이 함께 따라온다.

그 집은 윗집보다 지대가 낮았고 뒤꼍은 담장 대신 대나무 숲이 우거져 있었다. 바람이 불면 대나무 사이로 수런거리는 소리가 들리곤 했다. 아버지가 어렸을 적부터 있었다는 100년 넘은 소나무에는 복싱 샌드백이 매달려 있었고, 남동생들은 늘 그곳에서 운동을 했다.

뒤꼍의 한 부분은 땅이 항상 촉촉해 있었다. 엄마는 그곳에 작은 웅덩이를 파놓고 물을 모았다. 아침에 나가보면 언제나 물이 한가득 차 있었다. 그 물은 텃밭용으로 쓰였다. 그 옆에 머위와 돌미나리는 항상 파랗게 잘 자라고 있었다. 그리고 가죽나무 두 그루도 있었다. 봄이 되면 엄마는 새순을 따서 찹쌀 풀에 양념을 하고 몇 개씩 하얀 실로 묶어 빨랫줄에 걸어 말려 두었다가 두고두고 별미로 튀겨 주었다.

장독대 사이사이에는 돌나물이 소복했고, 바로 옆에는 파란 부추가 항상 물을 머금고 싱싱하게 자라고 있었다.

앞마당은 300평 쯤 꽤 넓었다. 대문에서 집안으로 들어오는 양 옆으로는 하얀 수국과 홍매화와 동백나무가 있었고, 대문 옆에는 큰 살구나무와 자두나무가 있었다. 바닥에 돗자리를 펴놓고 나무를 흔들면 살구가 뚝뚝 떨어져 한 바가지 주워가지고 올라와 가족끼리 맛있게 씻어 먹곤 했다. 앞마당 가운데는 크고 작은 향나무들로 꽉 차있었고, 봄을 가장 먼저 알리는 전지가 잘된 하얀 목련나무와 단풍나무가 뽐내고 있었다. 왼쪽 담장은 개나리와 보리수나무가 빼곡히 차 있었다.

아버지는 직장에서 오시면 작업복으로 갈아입고 가위를 들고 마당으로 가셨다. 그리곤 당신의 일터인 양 나무와 분재를 전지하고 분갈이하는 것을 일상의 낙으로 여기셨다.

그런데 친정집은 세 번 변화가 있었다. 내가 스무 살쯤이었을 적에 뒤꼍은 100여 평 정도가 도시계획에 의하여 도로로 잘려 나갔다. 오랫동안 정들었던 나무들은 사정없이 베어졌고, 자연스런 나무 울타리는 냄새나는 시멘트 담장으로 바뀌었다.

그러나 엄마는 잘된 거라고 좋아하셨던 것 같다. 아마 지금 생각해 보니 넓은 정원과 집을 관리하기가 무척 힘들었던 것이 아니었나 싶다.

밤나무 한 그루가 하늘 높게 걸렸었는데, 새집을 짓기 전까지 가을이면 주먹만 한 알밤들을 한두 말씩 선사했다. 나무 밑에는 달래와 취나물과 더덕이 자라고 있었다. 할머니는 매일 아침 1층으로 내려가서 풀 뽑는 낙으로 사셨다. 풀 뽑으러 내려가셨다가 한 움큼 나물을 뜯어가지고 올라오시면 엄마는 금방 반찬으로 만들어 아침 밥상에 올렸다.

나는 결혼 후에도 친정집에 자주 들러 많은 야채와 과일을 가져다 먹었다. 그런 친정집 정원은 나의 아늑한 쉼터였다. 결혼하고 애들의 육아와 공부 걱정 따위에 시달리다가도 친정집에 가면 고민이 사라지고 평온해졌던 것이다.

아버지는 큰 나무를, 엄마는 야생화 종류를 좋아했다. 엄마는 아무리 몸이 불편해도 봄만 되면 꽃 도매상가에 가야했다. 해마다 이태리봉숭아를 담장 아래와 정원 테두리에 돌아가며 심었다. 빨강, 주황, 분홍, 하얀 빛으로 만발한 꽃들은, 지나가는 사람들의 발걸음을 멈추고 사진도 찍게 했다. 이층 벤치에 앉아 있는 엄마에게, "너무 예뻐요~"를 외치며 엄지척하고 지나가는 동네 사람들에게 엄마는 "예"로 대답하며 꽃 같은 웃음으로 인사를 보냈다. 꽃들은 가을의 서리가 내리기 전까지 계속해서 피고 지며 정원을 꽃 마당으로 만들었다.

아버지는 정원에 있는 향나무 한 그루를 용의 형상처럼 길게 뻗도록 키우기 시작했다. 중간에 새가 앉아 있는 것처럼 전지를 해 놓았다. 누가 봐도 새 두 마리가 정겹게 앉아 있는 것처럼 보였다. 그것은 감탄사가 튀어나올 만큼 하나의 예술작품으로 손색이 없었다. 그 향나무는 눈이 오는 겨울에 더욱 자태를 드러냈다. 정원에서 한눈에 쏙 들어오는 주인공 나무가 되었다. 동네에서 우리 집을 일컬어 꽃집이라고 말할 정도였다. 그렇게 친정 부모님은 사계절 푸르른 정원을 눈꽃으로 시작해서 꽃들이 떨어지지 않고 이어지도록 가꾸며 평생을 사셨다.

아버지와 나는 2층에서 아래 정원을 내려다보며 많은 추억을 쌓았었다. 용나무가 크게 똬리를 틀고 슬슬 꼬리를

뻗기 시작할 때였다.

"아버지!"

"용나무 꼬리가 이층에 닿게 자랄 때까지 오래오래 건강하게 사세요."라고 내가 말한 적이 있다. 세월이 흘러 그 용 나무 꼬리부분은 2층을 향해 점점 빠르게 올라오기 시작했다. 2층이 아니라 3층까지 라고 말을 했어야 했다.

나무가 2층에 닿을 듯 말 듯 할 무렵, 아버지는 '파킨슨 증후군'이라는 병세로 주무시는 듯 하늘나라에 가셨던 것이다.

아버지가 살아계실 때 들은 이야기가 있었다.

"내가 기력이 쇠하여 정원을 관리하지 못하면, 이 나무들을 학교나 필요한 곳에 기증할 것이라고…."

아버지가 돌아가시고 친정집에도 그간 많은 변화들이 있었다.

아버지는 공군사관학교에 다니시다가 6.25전쟁을 맞이하여 국군으로 참전하였다고 한다. 하지만 몸이 약해서 중도에 제대를 하셨다. 나중에 공무원으로 정년퇴직을 하셨지만, 당신 자신에게는 엄격하고 주위 사람들에게는 유하신 분이었다.

손자들을 위해 문중산소로는 가지 않겠다고 유언처럼

늘 말씀하셨다. 생전에 미리 당신이 누울 자리를 미리 알아보고 준비한 곳이 바로 '임실호국원'이었다. 아버지가 돌아가신 지 몇 개월 후에 남동생에게서 전화가 왔다.

"누나! 우리 집 정원을 임실호국원에 기증하면 어떨까? 나중에 엄마도 그곳으로 가실 테니까, 두 분이 평생 가꿔온 정원을 옮겨다가 부모님께 매일 보여드리자."라고 하는 게 아닌가!

나는 생각조차 못하고 있었는데, 동생 생각이 기특했다.

그리고 겨울이 지나고 이른 봄, 얼었던 땅이 녹을 때쯤 정원에 있었던 모든 나무를 그곳으로 기증했다.

그 날로 〈호국정원〉이 탄생했다. 임실호국원에 오르다 보면 아버지의 이름 석 자가 들어간 '추모헌수' '당신을 영원히 기억하겠습니다'라는 문구가 적혀있는 작은 기념비가 보인다.

살아생전에도 아버지는 엄마가 잠시만 안 보여도 "엄마는? 엄마는 어디 갔니?" 그렇게 찾으실 정도로 두 분은 금슬이 좋았다. 그런데 무슨 우연일까? 정확하게 아버지가 돌아가신 2년 후 같은 달에 엄마를 불렀다.

엄마는 아버지가 부른다고 자식들을 두고 뒤도 안 돌아보고 아버지를 따라갔다.

당신을 영원히 기억하겠습니다 ★

살아생전에도 아버지가 없으면 아무 일도 결정 못하는 어린 성격의 엄마였다. 이제 엄마가 아버지 곁에 함께 있어서 한결 마음이 놓였다.

'임실호국원'에 가서 부모님을 찾아뵙고 되돌아올 때면, 두 분이 함께 있어서 외롭지 않겠지! 라는 생각에 나 스스로를 위로한다. 두 분이 〈호국정원〉을 바라보며 영원히 평안했으면 좋겠다.

콜라비를 닮은 그녀

 공동 텃밭에서 콜라비를 막 캐가지고 아파트로 들어오는데 엘리베이터 안에서 아래층 아저씨를 만나게 되었다.
 "와! 콜라비도 심으셨어요?"
 "네. 금방 뽑아서 싱싱하고 연해서 후식으로 먹으려구요." 했더니,
 "우리도 텃밭에다 콜라비의 모종을 두어 포기 사다 심었는데, 뿌리가 땅속으로 안 들어가고 자꾸 땅위로 올라오더라고요. 흙으로 덮어주면 내밀고 또 나와서 거 참, 이상했는데 뿌리가 아니고 줄기라지요?"
 아저씨는 신기한 듯 내게서 콜라비를 쳐들더니 줄기와

뿌리, 잎에 대하여 설명을 해줘서 나도 그 날에서야 작물의 특성을 알게 되었다. 콜라비라는 채소가 처음 시중에 나왔을 때 사람들은 말이 많았다. 무다? 아니다, 배추 뿌리다? 줄기라는 것은 재배해 본 사람만이 알았을 것 같다. 지금도 그 특성을 모르고 먹는 사람들이 있을지도 모른다.

  부엌에 와서도 진보랏빛 콜라비를 새삼스럽게 이리저리 살펴보았다. 키우면서도 뿌리식물로만 알고 있었다니 너무 무지했다는 생각이 들었다. 오늘에서야 줄기라는 것을 알았다니! 만약에 콜라비가 사람이었더라면, 무척 미안할 노릇이다.

  '콜라비야! 너 완전 반전 매력이 있었네? 나는 이제껏 네가 무처럼 뿌리인 줄 알았잖아? 너처럼 그렇게 동그랗고 빵빵하게 생긴 줄기는 처음 봤어. 어쩜 그동안 그렇게 감쪽같이 모른 척 했니?'

  나는 콜라비가 마치 사람이라도 되는 듯 속엣 말을 되뇌었다. 살면서 알고 배움에는 한없을 따름이다. 그리고 불현듯 떠오르는 사람이 있었다. 결혼 전에 직장에 다니던 짝꿍 동료였다. 그녀는 유난히 보라색을 좋아했다. 땅속에 들어있을 법한 콜라비가 보랏빛 색깔을 띠며 뽐내고 있듯이 그녀는 언제 어디서나 항상 우쭐하며 튀는 것을 좋아했다.

우리의 직장은 A은행이었는데, 시내의 번화가에 본점과 영업점이 한 건물에 있었다. 그래서 직원이 수백 명이나 되었다. 직장에서는 유니폼을 입었으므로 출퇴근 시간에만 일상복을 입는 모습을 볼 수 있었다. 그녀는 멋쟁이였고 일을 잘한다는 소리까지 들었다. 그래서 항상 머리부터 발끝까지 완벽해야만 했다. 그녀가 유행에 민감한 예쁜 옷을 입고 온 날에는 유독 사람들과 마주치기를 은근히 기대하며, 일부러 여럿이 몰리는 시간대에 출근을 했다.

내가 그녀와 영업부에서 근무하던 때였다. 갑자기 번개로 회식을 한다는 회람이 돌았다. 그날따라 그녀는 허름한 옷에 외투를 걸치고 출근을 했던 것이다. 회람 내용을 알게 된 그녀는 무척 당황한 표정이었다. 일에 몰입하다가 옆자리를 둘러보니 그녀가 안 보였다. 밖에서 걸려온 그녀의 전화를 받았다. 일을 재빨리 마무리해놓고 살짝 빠져나가 근처에 있다며 이따가 회식장소에서 보자는 것이었다. 눈에 확 띄는 옷을 입고 회식자리에 나타났던 그녀의 당당함에 모두 넋을 잃었다. 패션거리에서 2달치 월급을 날리면서까지 호기로웠던 이유는 아리송했다.

그녀는 노래도 잘 불렀다. 곡명까지 미리 준비해서 송별

모임이든 환영모임이든 마지막에는 늘 그녀의 노래로 마무리했기 때문이다. 그녀는 스리슬쩍 튀고 돋보이는 것을 즐기는 듯 했다.

직원들 중 그녀와 같은 또래 7명이서 친목모임을 했다. 그런데 웬일인지, 잘난 그녀가 쏙 빠져있었다. 그녀가 억지스럽게 내게 슬쩍 귀띔했던 말. '난 괜찮거든. 전혀 서운하지 않아. 나는 열심히 일하고 있고, 윗분들과 주변 사람에게 인정받고 있고, 너무 재밌어. 저 애들은 나 몰래 모임 하느라고 불안할 거야.' 이어서 한술을 더 떴다. '내가 좋아하는 애가 저기 한 사람도 없는 것이 무척 다행이네.'라고.

어쩌면 모임에 함께 안 들어간 내게 동질감을 느꼈던 것일까? 아무튼 스스럼없이 일하는 그녀의 모습이 당차게 보였다. 생각해보니 그녀가 무인지, 배추뿌리인지 확실히 몰라서였던 것은 아니었을까. 왕따 문화가 존재했던 게 어제오늘만은 아니다. 끼리끼리의 사회는 안타깝지만 그녀가 특이하게 행동을 한 그런 면도 있었다. 우리 또래와 같은 줄기였음은 분명했는데….

보통 때에도 그녀는 다른 직원들보다 일찍 출근했다. 누가 시키지 않았어도 객장에 나가 안내장이나 지저분해져있는 인주갑을 다독다독해놓곤 사무용품까지 정리했다.

한 겨울임에도 가끔씩 예쁜 꽃을 병에 담아 책상 위에 올려놓았다.

가끔은 창구에서 직원과 손님 간에 언짢은 일이 생기면 직접 나서서 해결사로도 통했다. 매번 창구 응대 점수에서 1위를 놓치지 않았다. 단 한 번도 고객과 언성을 높이는 일 조차 없었다. 누가 봐도 직장 생활을 참 재미있고 즐기는 것 같았다.

우리는 그 사람에 대해 잘 모르면서 아는 것처럼 말할 때가 많다. 기껏해야 자기 수준으로 밖에 생각을 못할 거면서 심지어 우기기까지 한다. 진보랏빛 콜라비가 뿌리식물 이라고! 새삼 예전에 그녀가 입었었던 연한 보랏빛 원피스와 보랏빛 니트 투피스와 보랏빛 꽃이 달린 하이힐도 떠오른다. 나는 보랏빛이 자존심과 화려함을 상징한다는 의미를 나중에야 알았다.

수박의 속살 색깔을 모두 알 텐데 자르기 전에 그녀는 미리 빨간색이라고 알려야 하는 성격이었다. 내가 보기에는 속 보이는 짓을 전혀 하지 못하는 그녀였다. 콜라비가 특이한 줄기를 드러내고 있듯, 그녀는 보기와 다르게 잠시도 자기 속내를 감추지 못하고 솔직하고 당당하게 드러내는 친구였다.

그동안 세월이 흘러서 나도 인간에 대한 헤아림을 터득한 탓일까. 아주 오랜 일이지만, 불현듯 그때의 그녀가 머릿속으로 들어온 이 느낌. 아마도 그녀는 인생의 큰 변곡점이 없었다면 지금도 당당히 잘 살고 있을 것이다. 뭇사람 앞에 그렇듯 보랏빛 색깔로 예쁘게 나타날지는 모르지만 말이다.

나는 보라빛이

자존심과 화려함을

상징한다는 의미를 나중에야 알았다

06 사진 속의 시간

    고등학교 친구가 카톡에 떴기에 눌러 보았다. 그런데 웬걸? 여고 2학년 무렵의 낡은 사진이 올려져 있었다. 남자고교 학생들과 반 미팅을 했을 때 찍었던 단체사진이었다. 영희가 왜, 갑자기 이 사진을 올려놨지? 나는 잊혔던 추억을 떠올리며 입가에 웃음이 감돌았다.

    영희는 여고2학년 때 내 짝꿍이었다. 우리 반에서 키 크고 눈웃음이 예쁜 가장 늘씬한 아이였다. 우리 집에도 오가며 친하게 지냈었다. 졸업 후에도 간간히 만나기는 했지만, 오래 전부터는 다른 친구들에게서 들려오는 소식만 들었지 만나지는 못했다.

그런데, 늦은 나이에 친구 수연이를 통해서 전화번호를 알게 되어 서로 통화를 한 다음부터는 서로 카톡이 연결되었다. 영희를 떠올리면 나랑 거의 날마다 팔짱끼고 다녔던 일과 고소미과자와 보름달 빵 이미지가 따라온다.

우리는 보충수업시간에도 선생님의 눈을 피해 실내화만 신고 팔짱끼고 학교 밖으로 나와 군것질을 하고 들어가기 일쑤였다. 지금까지도 맛 그대로인 보름달 빵이랑 고소미과자 한 봉지를 사가지고 몰래 들어와서 책상 밑에 숨겨놓고 영희랑 하나씩 꺼내 먹는 재미가 정말 좋았다.

지금은 사라진 옛날 고소미과자는 정말 중독될 만큼 당기는 맛이었다. 어떤 날에는 거리가 먼 중앙시장까지 나가서 고구마 맛탕까지 사 먹고 교실로 들어간 적도 있었다. 요즘은 집에서 고구마맛탕을 해먹어 봐도 그 때의 그 맛은 안 난다. 그리고 영희랑은 뭐가 그리도 웃겼던지 우리는 허파에 바람이 잔뜩 든 아이들처럼 서로 키득키득 잘도 웃었다. 학교에 도착해 서로 얼굴만 마주 봐도 그냥 웃음이 나왔다. 선생님께서 수업시간에 화를 내도 웃었고 성적이 잘 못 나와도 웃을 일을 만들어서 웃었던 것 같다. 얼굴 근육이 웃음으로 굳혀져 있었다.

그 시절에는 긍정적이라는 말이 지금처럼 그리 흔하게

쓰이지는 않았을 때였던 거 같은데 지금에야 생각하니 영희는 긍정에너지가 흘러넘쳤던 아이였다.

그런 소싯적 마음으로 영희랑 카톡으로 소통을 했던 것이다.

-영희야! 이 사진 너무 웃긴다. 나는 이 사진 어디 있는지조차 모르는데….

그러자 영희에게서 곧바로 답신이 왔다.

-앨범 보다가 추억이 새로워 올렸어.

-경애야! 반 미팅을 할 때 제일로 나댔던 애가 네 파트너였지?ㅎㅎㅎ

-맞아. 제발 저 남자애하고만 안됐으면 좋겠다고 내가 먼저 말했는데 하필 그 애가 내 파트너가 되었었잖니?

우리 둘은 예전 학창시절처럼 서로 ㅎㅎㅎ를 보냈다.

그때의 추억을 곰곰 생각하자니, 바로 어제의 일처럼 선명하다. 우리가 소지품을 한 개씩 꺼내놓으면 남학생들이 그 중에 한 개씩 집어서 선택하는 식으로 파트너를 정했었다. 나는 파랑색 스카프를 내놨었다. 까불거리며 나대던 그 남자애가 잡는 순간 속으로 망했구나! 하고 있었다. 영희도 제 맘에 들지 않는 남자애가 되었다고 눈살을 찌푸리고 있었다. 그래서 우리 둘은 귀엣말로 속삭였다.

"우리 둘이 팔짱끼고 자석처럼 붙어서 저 애들이 말을 걸 틈도 주지 말자."라고 눈치를 주고받으며 둘이서 팔짱을 끼고 배회했다. 내 파트너가 된 남학생은 형의 옷을 몰래 입고 나왔는지 학생이 아니라 어설픈 아저씨처럼 보였다. 그 시절에는 아날로그 시대였으니 하는 짓도 그랬을까. 크나큰 트랜지스터 녹음기까지 어깨에 메고 촐싹거리며 나타났다. 멋진 폼과는 좀 거리가 먼 것 같았는데 장본인은 아주 멋있다고 착각하는 것이 분명했다. 어깨를 올리고 바지의 앞주머니에 손을 넣고 건들건들 나대며 쉴 틈 없이 춤을 춰댔다.

그러나 내가 속으로 맘에 들어 했던 애는 아주 친절하기까지 했다. 자기 파트너랑 노래하고 춤추며 잘 놀고 있었다. 영희도 계속 중얼 거렸다. "스웨터 입은 애가 짝이 되었으면 얼마나 좋아." 그렇지만 내 파트너 보다는 훨씬 괜찮은 거 같은데… 아무튼 영희는 남자애가 교복을 입고 나왔다고 촌닭 같아서 싫다고 했다. 영희랑 나는 다른 애들을 살짝 질투하며 각자 자기 파트너의 흉만 보고 있었던 것이다. 하지만 너무 티를 내면 단체에게 분위기를 깰 것 같아서 모르는 척 했다.

그들과 함께 녹음기를 틀어놓고 또 기타에 맞추어 조

용필의 꽃피는 동백섬, 이종용의 너, John Denver의 Take Me Home Country Roads 등…. 노래를 따라 부르고 춤추며 놀았던 추억이 스쳐 지나갔다. 영희랑 나는 서로 카톡을 주고받는 순간, 18세 소녀로 되돌아간 느낌이었다. 그리고 영희는 대전에 오면 연락하겠다고 하며 소통을 멈추었다.

 몇 년 전 황동혁 감독의 심은경, 나문희 배우가 출연했던 영화 〈수상한 그녀〉를 보고 마음이 찡했던 기억이 났다. '다시 돌아온 청춘' 이야기이면서 노인의 문제가 주제였다. 나문희 할머니는 젊은 심은경으로 되돌아가서 가수가 되었다. 예쁜 원피스를 입고 앳된 모습으로, 멋진 남자를 보고 사랑에 푹 빠지기도 했다. 그녀는 정말 행복했다. 거기서 나오는 심은경이 얼마나 아름답고 부러웠던지 영화를 보고난 후 여운이 오래갔었다.

 나는 젊었을 적에 두 팔이 날개가 되어 날아다니는 꿈이며, 오색찬란한 인어가 되어 아름다운 호수에서 수영하는 꿈 등을 꾸었었다. 요즘은 그마저도 그런 류의 꿈을 꾸어본지가 언제인지 생각조차 나지 않는다. 다시 그때로 돌아간다면 독서광이 되고 싶다. 머리가 아주 좋은, 큰 키에 날씬한 몸매, 멋진 슈트를 입고, 하이힐을 신고 있는 나.

단발머리에 갈색안경을 쓴 단정한 모습으로 한 손에 서류를 들고 반지르르한 복도를 드나드는 나. 내유외강으로 직원들 교육담당 강사나 멘토로서 역할을 잘하는? 격조 있는 프리랜서인 수상한 나를···.

영희와 소통한 덕분에 잠시 심은경이가 되어 보았다. 사진 속의 그 소녀들은 이제 모두 예순이 넘었을 테다. 그들은 어디서 어떻게 살고 있을까? 생각할수록 그리워진다.

나의 인생은 우리나라 여성의 대부분이 그러하듯 오로지 남편과 자녀와 양가 부모님께 신경을 쓰느라 앞만 보고 살아왔다. 이제 남편은 정년퇴직을 했고 부모님들은 하늘나라로 가셨다. 자녀들은 모두 결혼해서 내 곁을 떠나 멀리 산다. 내 인생에 있어서 1막~2막을 마친 것처럼 홀가분함도 들지만, 왠지 1막~2막만을 위해서 살아온 것은 아닌지? 과연 이것을 인생이라고 하는가! 예순이 넘었어도 아직 잘 모르겠다. 그저 요즘 변해가는 나의 모습에 허탈감만 들 뿐이다. 친구들을 만나도 대화가 병원 이야기부터 시작하게 된다. 모두들 몸도 마음도 아프단다. 머리는 염색하지 않으면 백발이고 눈꺼풀은 한없이 내려앉았다. 화장품에 적혀있는 사용설명서라도 읽으려면 핸드폰으로 사진을 찍어 크게 펼쳐보기를 해야 읽을 수 있다. 목은 닭

볏처럼 늘어지고 여기저기 아픈 곳도 생긴다. 집안에서 운동이라도 하며 거울을 보고 있노라면 고장난 장난감처럼 흐느적거린다.

설레는 마음으로 미팅을 한 소녀시절도 있었건만 자식들조차 내 젊었던 사진을 보면 '어머! 엄마도 이런 때가 있었네.' 한다.

오늘따라 서유석의 '가는 세월' 노래 가사가 생각난다.

> 가는 세월 그 누구가 잡을 수가 있나요.
> 흘러가는 시냇물을 막을 수가 있나요.

나도 바람 빠진 풍선처럼 웃는다. 우주에 떠있는 별들도 언젠가는 소멸된다고 한다. 하물며 자연의 섭리를 누가 거슬리겠는가! 나는 오늘도 아파트 베란다를 기웃거리는 아침햇살처럼 소중한 추억을 사랑한다.

찬스에
강한
해당화

해당화는 여고 동창생 모임의 이름이다. '해가 갈수록 당당하고 화려하게 살자'는 의미로 지었다.

나 역시 졸업하고 나서는 거의 대부분의 여성들이 그러하듯 일상의 삶에 쫓겨 다녔다. 그래서 친했던 동창생들마저 그다지 자주 만나며 살지는 못했다. 취업하여 십여 년을 직장에만 열심히 다녔었다.

더구나 결혼 후에는 아이들이 어떻게 될세라 오로지 식구들에게 매달려 살았다. 나날의 신체리듬은 아이들의 컨디션에 따라 수시로 바뀌었다. 아이들의 컨디션이 좋으면 나도 좋았고 아이들이 안 좋으면 나도 안 좋았다. 두 아이의 시험기간이 되면 공부해야 하는 아이들보다 내가 더 신경을 쓰고 있었고, 시험 날이 다가오면 내 마음이 더 콩닥거렸다. 그렇게 하루하루 조마조마한 마음으로 덧없이 20년을 훌쩍 보냈던 것이다.

두 아이가 대학에 들어가고 나서야 바깥세상이 조금씩 보였다. 빨랐던 걸음도 느려지고 앞만 보고 다녔던 눈도 하늘을 향하여 올려다보는 여유가 생겼다. 불현듯 생각나는 사람도 있고 만나고 싶은 사람도 생기기 시작했다.

그러던 어느 날 다니는 교회의 주차장에서 우연히 낯익은 얼굴을 보게 되었다. 그녀는 분명히 여중이든 여고든 나와 같은 학교를 졸업한 여성이라는 느낌이 들었다. 그래서 서로 통성명을 하고나서 중학교를 맞추어보니 아니었다. 여고 몇 회 졸업생이라고 이름을 대고 난 후에야 그녀는 겨우 나를 알아봤다. 같은 반에서 공부를 했으면서도 졸업하고 30년이 넘게 흘렀으니 몸매는 오동통 살이 찌고 얼굴마저 변모된 나를 못 알아보는 것이 정상이겠지. 하지만 그 친구의 모습은 여고생 때와 거의 비슷했다. 체형관리를 잘 하고 있었는지 많이 변하지 않아서 금방 알아볼 수 있었다. 우리는 서로 전화번호를 나누고 헤어졌다.

그런데 얼마 지난 후 그 친구에게 전화가 왔다. 이러이

러한 동창 애들과 모임을 만들려고 하는데 들어오겠냐는 것이었다. 그동안 모임 하나 없이 보냈는데 잘 됐다 싶었다. 하지만 첫 모임에 나가서는 기대만큼 그렇게 썩 내키지가 않았다. 왜냐하면 과거의 추억보다는 현실과 생활의 잡다한 대화와 수다가 화제였기 때문이다. 그렇지만 모임에서 빠진다는 말을 차마 할 수가 없었다. 가는 데까지 가보자는 심정으로 한두 번 더 나갔다. 그러다보니 변화된 모습들에 적응이 되며 나도 모르게 조금씩 정이 들었다.

그 후로 우리는 두 달에 한 번씩 만나서 점심도 먹고 차도 마시며 여기저기 국내여행을 함께하곤 했다. 그리고 해외여행을 가자는 의견도 나왔다. 그때부터 해당화모임에서는 따로 회비를 적립했고 만나기 시작한 지 3년이 지난 후에 스페인 여행까지 다녀왔다. 스페인 여행에서 돌아온 우리는 바로 또 여행 계획을 세웠었다. 2020년에 환갑기념 여행을 가자는 것이었다. 회원들의 만장일치로 스위스를 가기로 했다. 어떤 이유가 생기더라도 여행 목적지는 절대로 바꾸지 말 것을 굳게 약속을 해놓았다.

계획을 세워 놓은 다음부터 나는 행복지수가 팍팍 올라갔다. TV 프로그램에서 스위스에 관련된 방송이 나오면 관심 있게 봐졌다.

海棠花

해가 갈수록

당당하고

화려하게 살자

하얀 눈이 덮인 체르마트의 마테호른과 인터라겐의 융프라우, 그리고 알프스의 여왕이라는 리기산을 하루 빨리 가보고 싶었다. 해발 4000m가 되는 높은 산을 톱니바퀴 빨간 열차를 타고 올라간다는 것. 올라가며 양쪽으로 지나가는 아름다움. 산꼭대기는 눈과 얼음으로 덮여 있고 아래쪽은 예쁜 야생화가 바람에 살살 흔들리는 그 풍경들. 생각만 해도 마음이 설레었다. 그곳의 날씨와 온도 차이를 느껴본다는 것이 꿈만 같았다. 생각만 해도 흥분되는 일이었다.

아직 환갑이 되려면 2년은 더 남아있었다. 우리는 만날 때마다 아직도 멀게만 기다려야 하는 여행 이야기를 빼놓지 않고 했다. 그렇게 굳게 약속해놨던 여행지가 수시로 바뀌기도 했고, 그 다음 모임 때는 제자리로 갖다놓곤 했다.

그랬다. 그 날도 변함없이 해당화모임에서는 아직도 머나먼 여행이야기를 또 빼놓지 않았다. 그때까지 기다리지 못하겠다는 둥, 가까운 동남아라도 가자는 둥, 여러 말이 난무했다. 하지만 각자의 여행계획들이 있어서 다 함께 맞추는 일은 쉽지가 않았다.

그때 성질이 급한 한 친구가 불쑥 말을 꺼냈다.

"애들아! 그럼, 우리가 환갑여행을 1년 앞당겨서 다녀오는 것은 어떨까?"라고. 그러면서 이유를 댔다. 우리가 나이도 있고 건강이 안 좋은 친구가 생길 수도 있으니 한 살이라도 더 어릴 적에 다녀오자는 것이었다. 그런데 싫다고 반대하는 친구는 한명도 없었다. 그래서 일 년을 앞당겨 가기로 결정했다.

스위스 물가는 너무 비싸서 여행경비가 만만치 않았다. 회비를 모아놓은 경비로는 턱없이 부족했다. 하지만 해당화 친구들은 밀어 붙였다. 해당화는 돌아가며 총무 일을 맡아서 하는데, 하필 내가 총무를 맡은 해에 가게 되었다. 나는 여행사마다 좋은 상품을 알아보며 견적을 뽑아 보느라 바빴다.

다른 여행지로 가자는 의견도 나왔지만, 내가 총무이니만큼 나는 망설임 없이 추진시켰다. 환갑여행을 철석같이 약속을 해놨었지만, 이런저런 이유로 아쉽게도 함께하지 못한 친구도 있었다. 하지만 절대 후회하지 않을 행복했던 환갑여행이었다.

우리는 스위스 기념글씨가 새겨져 있는 빨간색 티를 하나씩 사 입고 젊은이들이 하는 대로 포즈를 따라하며 열심히 사진을 찍었다. 똑같은 티를 입어선지 함께라는 의미가 느껴지면서 친구들이 고맙고 감사했다. 꿈에도 그리던 눈 덮인 웅장한 산 아래 평화로운 호수와 바람에 살랑거리는 야생화를 직접보고 스위스 공기와 마주했던 순간순간을 어떻게 잊을 수 있을까.

원래 우리의 환갑은 2020년도다. 그런데 전 지구촌이 코로나19의 전파로 이렇게 될 줄을 어찌 알았겠는가.

그럼에도 불구하고 '성질 급한 친구가 아니었더라면, 우리 해당화모임의 환갑여행은 가지도 못했을 것이다.' 우리는 마치 코로나를 예측한 것 마냥 1년을 앞당겨 2019년 6월에 다녀온 것이 얼마나 잘한 일인지, 다녀온 친구들끼리 안도의 추억어린 대화를 수시로 주고받았다.

실수뭉치

 시부모님께서는 큰 아들을 결혼시키며 사시던 집터에 2층집을 새로 지으셨다. 시부모님은 우리와 함께 살길 원하셔서 결혼 후에도 신혼집을 따로 마련할 생각을 하지 않았다.

 신혼 초 나는 새로 지은 보금자리가 좋았지만, 시부모님과 함께 지내는 일이 처음이라선지 어설프고 무척 어려웠다. 밤이 되면 친정집이 그립고 친정 부모님이 보고 싶었다. 남편이 아무리 잘 해주고 옆에 있어도 반만 채워진 느낌이랄까? 몸도 마음도 자유롭지 않았다. 다행인 것은 직장이 대전이라서 퇴근이 늦거나 월말 결산하는 날이면 남편과 함께 가까운 대전 친정집으로 자주 가곤 했다.

시부모님과 함께 살면서 말 못할 실수들을 많이 했다. 결혼하고도 직장을 다닌다는 이유로 집안일은 모두 어머님이 도맡아 하셨다. 언제나 뜨거운 밥을 해놓고 기다리시며 정성껏 밥상을 차려 주었다. 그럼에도 그때는 왜? 그렇게 낯설고 어렵던지! 임신과 육아로 직장을 그만두고 일 년쯤 지나니 좀 괜찮아졌다. 그때까지도 어머님은 나에게 집안일이나 밥 짓는 일을 시키지 않으셨다. 빨래와 청소도 모두 어머님이 해주셨다. 내가 겨우 하는 일 이라고는 일요일에 그것도 아침밥이 아닌 저녁밥을 지을 때 시어머님 옆에서 거드는 일 정도였다. 시어머님은 그런 나에게 눈치 한 번 안주시고 딸처럼 잘 대해주었다.

어느 일요일, 주방에서 저녁준비를 하는 소리가 들렸다. 나는 2층 방에 누워 있다가 서둘러 일어나 내려갔다. 어머님은 "애야, 찌개 간 좀 봐라." 하시고는 마당으로 대파를 뽑으러 나가셨다. 나는 숟가락을 들고 간을 보니 좀 싱거운 것 같았다. 그 때 싱싱한 대파를 뽑아서 들고 들어오시는 시어머님을 향해 나도 모르게,

"아줌마! 여기 다시다 넣었어요?"라고 말을 해버렸다. 아니 세상에, 미치지 않고서야 시어머님께 느닷없이 아줌마

라니! 생각지도 않은 말이 불쑥 튀어나와 버렸던 것이다. 그러나 뱉은 말을 다시 쓸어 담을 수는 없고 시어머님의 표정을 살짝 훔쳐보니 분명 들으신 것 같았다.

정말 그 당시 민망함이란! 어머님과 나는 잠시 얼음처럼 굳어 있었다. 1초, 2초, 3초…. 그 순간을 어떻게 모면해야 할지 몰랐다. 누가 먼저, 어떻게, 무슨 말을 해야 하나? 정말이지 쥐구멍이라도 있으면 들어가고 싶은 심정이었다. 그렇게 잠시, 나는 어쩔 줄 모르고 있는데 어머님이 먼저 입을 여셨다.

"응~ 넣었는디 부족하면 소금 좀 더 넣어라. 네가 은행에 오래 다녀서 입에 습관이 배어 그런가 보다." 하시며 그 순간을 잘 넘겨주었다. 그렇지만 나는 두고두고 죄송했다. 퇴근한 남편에게 낮에 어머께 실수한 이야기를 털어놓았다. 그런데 남편이 한술 더 떠서 말했다.

"다행이네. 아버지한테 아저씨라고 한 것 보다는 낫지." 하며 깔깔 웃었다.

전기밥솥의 내솥을 뺀 채 쌀과 물을 들이부어 밥을 짓다 소동이 난 적도 있었다. 전기밥솥 안에 솥이 하나 더 들어있다는 사실을 전혀 몰랐던 것이다. 아기 분유 탈 물을 가스에 올려놓고 잠이 들어 주방을 대장간으로 만든 날도 있었다. 가스불에 뭔가를 얹혀놓고 이층에 올라가 깜박깜박하고 태운 적이 한두 번이 아니었다. 그렇게 3년 반쯤 시댁에 살면서 얻은 별명이 '실수뭉치'였다.

그 후 살림을 내보내 주어서 대전에 살면서도 저지른 실수는 계속 이어졌다.

아들 용준이가 7살 때였던 것 같다. 그 무렵 TV드라마에 배용준이 출연한 〈첫사랑〉은 매우 시청률이 높았다. 나도 그 드라마를 빼놓지 않고 봤었다. 착한 주인공 최수종보다 반항아 역의 배용준을 더 좋아했다. 나뿐만 아니라 아줌마 팬들이 무척 많았다. 그 시절 배용준의 인기는 정말 대단했다.

시내 백화점에서 고객들을 위한 마케팅으로 '배용준 팬 사인회'를 한다는 전단지가 신문에 끼어져 아파트까지 배달되었다. 나는 너무나 기뻤다. 달력에 빨간색연필로 동그라미를 치며 기다렸다. 드디어 그날이 왔다.

나는 5살 된 딸과 7살 된 아들 용준이 손을 잡고 아래층에 사는 범구 엄마와 함께 택시를 타고 백화점으로 갔다. 이미 옥상에는 발 디딜 틈조차 없이 사람들이 가득 차 있었다. 옥상과 옥상 사이에는 2단으로 그리 높지는 않지만 계단으로 연결되어 있었다. 그 시간 위층 옥상에 배용준이 있다고 주위 사람들이 말해줬다. 아줌마 팬들은 아래 옥상에서 위를 향해 기다리고 있었다. 우리가 좀 늦게 도착했는데도 그 때까지 배용준은 나타나지 않고 있었다. 범구 엄마와 나는 맨 뒤에서 둘째 아이들을 등에 업고 배용준이 나오기를 기다리고 있었다.

한참 후에야 배용준은 우리 쪽을 향해 손을 흔들며 계단 바로 위 옥상 앞으로 나왔다. 갑자기 아줌마들은 앞으로 조금씩 움직이며 손을 들고 화답하며 환호성을 쳤다. 나도 그들과 함께 환호하며 배용준을 향해 손을 흔들고 있는데, 어디선가 "어머머! 저 애들 어떻해!"라는 소리가 귀속을 파고들었다. 나도 모르게 반사적으로 깜짝 놀라 옆을 보니 범구와 용준이가 없어진 것이 아닌가! 분명히 금방까지도 옆에 붙어있었는데… 나는 제정신이 아니었다.

"어! 어! 어디 갔지! 우리 애들 어디 있냐?" 함께 있던 범구 엄마도 놀라서 아이들의 이름을 부르며 찾기 시작했다. 밀려드는 어른들 틈에 낀 아이들이 정말 큰일 날 일이었다. 갑자기 나는 다리에 힘이 쑥 빠지며 하늘이 노래졌다. 왜냐하면, 한 달 전쯤 마이클잭슨이 한국에 왔을 때도 사람들이 너무 많아 여중생들이 사람들 밑에 깔리는 사고가 있었기 때문이다. 신문1면 기사로 사회적 충격이 채 가시지도 않았을 무렵이었다. 그런데 금방까지 옆에 있었던 애들이 사라졌으니 놀라지 않을 수 없었다.

처음에는 작은 목소리로 아들 이름을 부르다가 점점 크게 불렀다.

"용준아. 용준아? 용준아!"

아들 이름을 정신없이 부르는데 주위사람들이 자꾸만 나를 이상하게 쳐다봤다.

뭐지? 왜 이상한 눈으로 나를 쳐다보는 거야? 하지만 그때는 몰랐다. 아들을 찾을 생각에 아무것도 눈에 들어오지 않았다. 불러도 대답도 없고 아이들이 보이지도 않아서 내 목소리는 점점 더 커졌다.

두리번 두리번 거리며 "용준아! 용준아!" 하고 큰 소리로 부르기 시작했다. 그런데, 내 주위 사람들은 계단 위에 있는 영화배우 배용준을 보는 것이 아니라 모두의 고개가 나를 향해 있었다. 그래도 그 순간에는 창피한 줄도 몰랐다. 오로지 내 아들을 찾는 것이 나에겐 더 급했다.

마침 그때 배용준이 서 있는 계단 바로 밑에 범구와 용준이가 시야에 들어왔다. 두 아이는 배용준이 서 있는 위층 옥상으로 가려고 계단 손잡이를 잡고 거꾸로 매달려 올라가고 있는 것이 아닌가! 그제야 조금 전에 '어머머! 저 애기들 어떻 해!' 라는 것이, 아이들을 발견한 사람이 한 말이라는 뜻을 알아차렸다. 아주 높지는 않더라도 저기서 떨어져 어른들 틈에 끼었다가는 정말 큰 사고로 이어질 것이란 생각에 나도 모르게 크게 외쳤다.

"용준아! 내려와~"

"용준아! 어서 내려와~"

배용준은 계단 바로 위에서 팬들에게 웃으며 뭐라고 말하고 있었는데, 나는 그 앞에다 대고 '용준아! 내려와. 용준아! 내려와.' 라고 소리를 질러댔으니… 거기다 5살 된 딸은 등에 업고 정신 나간 사람처럼 사람들 틈을 비집으며 앞으로 나가고 있었다. 그곳에 온 아줌마 팬들이 정말 황당해 하는 모습이었으리라. 멀쩡하게 생긴 여자가 미쳐도 단단히 미쳤다고 여겼을 것이다.

아들이 내 눈 안에 들어오고 나서야, 조금씩 창피하고 미안한 마음도 들었다. 그래서 나는 또 너무 미안한 마음에 인사까지 끄덕끄덕 해가며 변명한답시고 손가락을 계단 밑 아들을 가르키며

"죄송합니다. 저 아이가 제 아들 용준이거든요~"

계단 위에는 여전히 배용준이 계속 서 있었는데, 이번엔 손가락질까지 오해를 받기에 충분했다. 갈수록 대책 없는

짓만 하고 있었던 것이다. 그럼에도 나의 창피함보다는 아들이 계단 밑에서 별일 없었다는 일이 천만다행이었다.

지금 생각해봐도 그날 일어난 일은 정말이지 어이상실이었다. 나는 얼마나 놀랐었는지, 그날 밤 몇 번씩이나 깜짝깜짝 놀라며 자다 깨다를 되풀이했다.

한동안 그 소동을 아무에게도 말하지 않고 있다가 친정에 간 날 친정아버지 웃으시라고 말을 했던 것이다. 그런데 아버지는, 어미가 자녀교육을 그렇게 시키면 되겠냐고 하시며 얼마나 혼을 내던지.

그렇게 나는 실수뭉치가 커지면서 어른이 되어 갔다.

> 현명하고 올바른 사람은
> 오류와 실수를 통해
> 미래를 사는 지혜를 깨우친다
> Plutarchos

연필 부부

/09

동갑내기 우리는 올해로 환갑을 맞이했다. 생일이 빠른 남편이 먼저 케이크를 잘랐다. 요즘은 평균수명이 길어져 환갑의 의미가 크게 없다고는 하지만 그래도 30년을 넘도록 함께 살아온 우리 부부에 대해 되돌아보게 되었다.

부부가 만나 우여곡절을 함께 겪는 인생살이는 깎아 쓰는 연필과도 같다는 생각이 든다. 금방 깎은 연필을 쓰려면 처음에는 여간 조심스럽다. 가느다랗고 뾰족한 흑연심이 행여 부러질까봐 잘 달래가며 써야 한다. 손가락 힘을 적당히 조절해야만 아슬아슬하게 매달린 심이 부러지지 않는다. 조금이라도 강약을 잘못 조절하면 그냥 뚝 부러지고 만다. 잘 깎아놓은 심이 부러지면 속상하고 짜증이 난다. 그러나 속상함을 바로 잊고, 부러진 심을 돌려가며 살살 다듬어내야 한다. 연필은 먼젓번보다 짧아져 새로운 기분은 덜 나지만, 날카로움이 덜 해 쓰기에는 편하다. 한참을 쓰다 보면 반질반질하게 길이 나서 뭉툭해질 때까지 손가락 힘의 강도에는 그리 신경을 쓰지 않아도 잘 쓸 수가 있다.

우리 부부가 지금 그런 것 같다. 우리는 다니던 은행에서 처음으로 만났다. 내가 입사하여 중간고참이 되었을 쯤, 그이는 군복무를 마치고 신입행원으로 입사를 했다. 나는 본점영업부 1층에서 일하고 있었다. 그때는 온라인이 도입된 시기가 아니어서 본점영업부에는 직원들이 많았다. 월말이 되면, 시 금고 창구 앞에는 고객들이 차례를 기다리며 그야말로 길게 줄을 서서 세금을 내려고 북새통이었다.

그이는 7층 강당에서 한 달가량 신입행원교육을 받고 있었다. 피교육생인 신입직원들은 쉬는 시간만 되면 영업부로 주르르 내려와 창구를 둘레둘레 살피기도 하고, 신규통장도 만들어보며 이리저리 왔다 갔다 했다. 하지만 그이는 영업부로 발령을 받고 왔을 때에야 처음으로 보게 되었다. 훤칠한 외모와 선하게 생긴 눈빛이 첫 인상은 괜찮았지만, 신입행원으로서 사회의 첫 경험이라 그런지 어딘가 모르게 어색해하는 느낌이었다. 나의 신입행원 때의 서투르고 어설펐던 생각이 들어 입사 신참인 그이에게 친절하게 대하며 도움을 줬다. 그이 역시 무척 고마워하는 모습이었다.

  아직도 잊혀 시지 않는 장면들이 떠오른다. 하루는 그이가 그간 도와준 것에 대한 보답으로 밥을 사겠다고 했다. 은행 뒷골목에 있는 레스토랑에서 햄스테이크와 햄사라다를 먹었다. 햄 종류의 메뉴가 처음 나오기 시작할 때여서 젊은이들에게 인기 있었다. 그런 첫 만남을 시작으로 대전역 앞에 영화배우가 운영한다는 제과점에도 드나들었다. 가끔 그 건물 2층 음악찻집에서 커피도 마셨다. 그 시절에는 진행자에게 사연을 적어 팁과 함께 주면 손님들인 청중에게 공개적으로 발표해줬었다. 요즘으로 치자면 이벤트랄까? 둘 다 음악을 좋아해서 인기프로였던 대학가요제 이야기를 주고받다 보니 어색함조차 차츰 사라졌다. 그이는 신청곡메모지를 진행자에게 갖다 주며 팁까지 얹어주는 것 같았다. 진행자는 우리를 향하여 잘 어울리는 한 쌍이라고 치켜세우며 덕담까지 해줬던 것으로 기억된다.

  우리는 메모지에 썼던 사연을 계기로 서로의 마음을 두

드리며 연필을 들었을 것이다. 처음엔 서로의 속내를 연필 속의 까만 심처럼 겉으로 드러내지 않고 감추었다. 하지만, 나날이 지나감에 따라 두 연필은 서서히 까만 심을 조금씩 드러내며 닳아져갔다. 그이가 내 마음의 종이 밭에 첫 글자를 쓰는 순간, 나는 알게 되었다. 그이가 연한 연필심이었다는 것을! 그러나 잘 부러지지 않는 단단한 심이었다. 반면, 나는 진하지만 잘 부러지는 심을 가졌던 것이다. 두 사람의 관계 역시 금방 깎은 뾰족한 연필심처럼 부러질까 말까 위태롭고 조심스러웠다. 서로 손가락의 힘 조절이 필요했으리라. 연한 심과 진한 심은 마음을 조금씩 열며 상대를 향해 한 줄 한 줄 조심스레 자기 자신들을 써내려가기 시작했다. 혹여 직장에서 소문이라도 날까, 상사들이 알아챌까, 늘 조마조마한 마음으로 직원들의 눈을 피해 몰래 써야했다. 위기의 순간도 살짝살짝 있었다. 부러진 연필심을 다듬듯 모나고 까칠한 부분은 사랑의 칼날로 갈고 다듬어 위기를 잘 넘겼던 것이다.

 연한 심과 진한 심은 사랑의 반지를 나눠 끼워주며 결혼하고 자식을 낳아 환갑까지 이르렀다. 여기까지 오는 동안 진한 심은 뾰족한 심에게 찌르며 상처를 주고 실망을 주는 일들도 있었다. 다행이도 두 연필끄트머리에는 지우개가 하나씩 달려있다. 실수로 잘못 쓴 곳은 지우개로 지워서 다시 고쳐 썼다. 지우개는 서로를 위해 꼭 필요했다. 다행히도 둘 다 지우개가 많이 닳지는 않았다.

  이제 30년 넘게 쓰다 보니, 연필심은 많이 닳아졌다. 처음에는 필통의 맨 앞자리를 차지하려고 서로 앞서거니 뒤서거니 꼿꼿하게 뽐내며 부딪쳤다. 쓸 일이 없을 적에도 연한 심 연필과 눈도장을 찍기 위해 자꾸 필통을 열고 닫기를 되풀이했다. 그럴 때마다 나는 흡족함의 미소가 감돌았다. 한동안은 그대로 두고 아꼈다. 언젠가는 연한 심이 대장연필로 쓰이게 된다는 사실을 알고 있었다. 이제 그 연한 심은 뾰족해졌다가 부러지고 뭉툭하매 필통 안에 중간쯤 서 있다. 바로 그 옆에 진한심도 함께 있다.

  얼마 후엔 어쩔 수 없이 두 연필은 다른 연필들에게 밀리게 될 것이다. 그렇지만 지금까지 좋은 사연과 그렇지 않은 사연들까지 많아서 바쁘게 써내려 왔지 않는가. 다행히 뒷자리의 맨 꼴찌 몽당연필까지 가려면 아직 시간은 좀 남아있다. 이제부터라도 천천히 써 내려간다면 연필심은 좀 덜 닳아질 수 있을까? 시간을 좀 늦출 수는 없을까?

  종이 밭에는 꿈처럼 아득한 젊은 시절이 고스란히 쓰여져 있다. 아득하고 풋풋했던 사랑, 추억, 그리움, 아쉬움이 한가득 쌓여있다. 진하면 진한대로, 연하면 연한대로 좋았다. 잘 부러지는 진한 심은 단단한 연한 심에게서 한시도 떨어지지 않았다. 연한 심 역시 진한 심을 지키고 바라보며 여기까지 왔다. 두 연필이 지금까지 잃어버리지 않고 나란히 함께 있다는 것은 얼마나 큰 행운인가.

환갑이 될 때까지 둘이 함께 해온 것들에게 감사한다. 몽당연필이 되어 필통의 오른쪽 귀퉁이에 꼴찌로 서 있을지라도! 심지어 힘이 없어 볼펜껍질에 끼워져 흔들거릴지라도! 끝까지 함께 지켜주는 연필 부부가 되길 바래본다.

10   나의 집

  요즘은 부동산이 문제다. 정부에서 몇 차례나 계속해서 내놓은 부동산 대책마다 약효가 별로이다. 정책을 내놓을 때마다 아파트값이 떨어지기는커녕 전·월세 대란까지 부추기는 상황이 되어버렸다. 자고 나면 아파트값이 껑충껑충 뛰어있다. 지금 이 추세로만 본다면, 작년에 집을 살 기회를 놓친 사람들에게는 이제 내 집 마련은 절대적으로 불가능하다고 대못을 박는 것처럼 들린다. 내가 살고 있는 아파트도 일 년 사이에 3억~4억 원을 넘게 올려 부동산 중개소 유리문에 붙여 놓았다.

  야금야금 집값을 올려놓고 오른 이익만큼 세금을 환수

한다니, 그 차익 실현은 국가가 하겠다는 것으로밖에 이해가 안 간다는 사람도 많다. 나도 아파트를 살 기회를 놓쳤다.

나는 내 집이 있는 거 같으나 없고, 없는 거 같으나 있다. 전에 살고 있던 아파트를 팔았던 탓이다. 부모님이 살고 계신 주택을 증여받고 나서 1가구 2주택자로 2년 전에 팔아야 세금을 내지 않는다고 해서 팔았던 것이다.

아파트를 팔고 난 자금으로 증여세를 내고 남의 아파트의 전세살이를 하고 있다. 지금에 되돌아보니 차라리 아파트를 팔지 말고 세금을 내는 편이 훨씬 나을 뻔했다. 내가 팔 때보다 현재 시세가 거의 3.5배 올랐기 때문이다. 그 사이에 아파트 분양을 받으려 했지만 1가구 2주택이 된 마당에 기회는 오지 않았다. 어쩌다보니 정부의 시책을 따른 모범생(?)으로 내 집은 있으나 내 아파트는 없는 신세가 되어 버린 것이다.

나는 재테크를 그다지 잘 하지 못하는 사람인 것이 분명하다.

공무원집 딸로써 자랄 때부터 주위에 사업하는 사람도 없었거니와 생활 경제에 대하여 보고 듣지도 못하고 살았던 것 같다. 그리고 공직에 계셨던 친정아버지는 결혼할 때 내게 몇 가지 주의 말씀을 해 주셨다. 그 중 하나가 '남편의 수입 외에는 다른 욕심을 내지 마라.' '아내가 돈 욕심을 내게 되면 남편이 부정을 하게 된다.'라고 말씀하셨다. 나는 평생 그 말씀을 금과옥조로 지키며 살아왔다.

어른 아닌 어른처럼, 욕심은 있었지만 억누르며 살았던 것 같다. 사실 남편이 다달이 가져다주는 봉급은 모두 써도 되는 줄 생각하고 가족을 위해 열심히 쓰는 스타일이었다. 가계부를 한 번도 써보지 않고 살았다. 처음에는 쓰려고도 해 보았지만 오히려 남편이 쓰는 걸 반대했다. 뻔한 수입과 지출인 걸 뭘 쓰냐는 것이었다. 그러면서 아이들에게 만큼은 아끼지 말고 지들이 원하는 대로 모두 해주자고 말했다. 남편 본인이 자랄 때 그렇지 못해서 부모로서 그것만큼은 꼭 지키겠다고 다짐했단다.

우리 부부는 그렇게 별 대책 없이 형편대로만 살았다. 집을 살 몇 번의 기회도 있었지만, 그럴 때마다 집안의 또 다른 일들이 생기면 그것부터 해결하는 게 급선무였다. 몇 년 동안을 비록 전세지만 갈수록 좋은 집으로 골라 옮겨 살 수는 있었던 것도 잘못이었지 모른다.

요즘에 28세는 결혼하기엔 빠른 나이로 부모에게 의지하는 것이 자연스런 세태로 당연시되어 있다. 그러나 우리의 그 시기에는 보편적으로 결혼하고 독립해서 사는 나이였다. 우리 부부는 28세에 결혼하여 부모님과 친숙해져야 한다고 시부모님 댁에 들어가 함께 살다가 분가하였다. 양가 부모님의 도움 없이도 남편과 내가 다녔던 은행의 전세대출 등 혜택을 받아 어렵지 않게 분가 할 수 있었다.

나는 결혼 후에 육아 때문에 10년을 넘게 다니던 직장을 그만 두어 그 당시 퇴직금인 목돈을 가지고 있었다. 그런데 결혼 전 시댁에서 집을 지을 때 아들인 남편명의로 신용대출을 받은 것이 있었다. 결혼 후에 살펴보니 남편의 월급에서 이자가 꼬박꼬박 빠져나가고 있는 게 아닌가! 나는 아무런 계산 없이 지니고 있던 퇴직금으로 그 외의 것들까지 모두 갚아버렸다.

나는 그때나 지금이나 그런 것들에 대해 깊이 생각할 줄 몰랐다. 시댁은 새로 집을 지어 8월 달에 입주를 했고 나는 11월 달에 결혼을 했는데, 시댁에 가보니 식탁이나 소파 같은 가재도구들을 아직 들여놓지 않은 상태였다. 나는 왠지 혼수는 아니지만, 내가 사야 할 것만 같아서 시아버님의 등나무 흔들의자까지 모두 사 드렸다.

지금 생각해보면 바보였나 싶기도 하다. 소위 금융 업무를 10년 넘게 했다는 내가 멍청하게 그 흔한 대출은커녕, 퇴직금으로 재테크를 해야 했음에도 불구하고 전혀 생각 없이 다 써버리다니! 하지만 돈을 모으는 일도 중요하지만 가족을 위해 썼기 때문에 아깝다는 생각을 해본 적은 없다.

 그리고는 무일푼으로 분가했고, 우리는 3년 만에 적금 오백만원을 타서 32평 아파트를 거의 빚으로 샀다. 그러다보니 봉급은 많은 편이었어도 넉넉하지는 않았다. 가정 경제는 남편이 모두 알아서 해결해 주니 불만은 없었다. 물론 나도 욕심 없는 평범한 주부로 살았기 때문일 것이다. 결혼 초에 퇴직금으로 빚을 갚아 준 것과 비교도 되지 않을 정도로 부족함 없이 살게 해주는 사람이 남편이었다.

 쌓아 놓고 살지는 않았지만 지금 생각해보면 성경말씀처럼 살지 않았나 싶다. '공중에 나는 새처럼, 들에 핀 들풀처럼, 길쌈도 수고도 아니 하여도 하나님이 먹이시고 입히시는데 하물며 너희 일일까 보냐'고 하셨다. 그리고 '주께서 모두 채우시리라'고 말씀하신 것처럼! 평생을 살면서 대출금 이자나 부모님의 병원비 등 여러 가지 일들이 닥쳤어도 물질 때문에 그다지 걱정스러워하지는 않았다. 그저 내가 가지고 있는 만큼 만족하고 기쁘게 살았던 것 같다. 크나큰 걱정근심 없이 평안하게 살 수 있게 해 주신 주님과 소중한 인연들에게 놀라울 따름이다.

뒤돌아보면 재테크를 위해 열심히 노력하지 못한 것들에 대해 후회스러움도 조금은 있다. 그러나 내가 아무리 재테크를 열심히 했다손 치더라도 지금보다 별반 차이는 없었을 것 같다는 생각도 든다.

물질에 전전긍긍하지 않고 살았으면 된 것 아닌가.

어느 작가가 '집은 사는 것이 아니라 사는 곳이라고' 쓴 것을 본 적이 있다. 집을 위해 모든 것을 투자하기 보다는 '내 시간과 경험에 투자하고 싶다'며 '시간과 경험은 돌아오지 않는다'고 했다.

나는 요즘 새로운 꿈이 생겼다. 몇 년 후에는 시댁으로 다시 들어가 과실나무와 야생화를 심을 것이다. 봄나물들과 엄나무와 옻나무 가시오가피들을 심어 봄이면 순을 따 먹고, 자두나무와 포도나무를 심어 마당 수돗가 위에 아치로 만들어 그늘을 만들 것이다. 코로나19와 같은 전염병이 퍼지면 친지와 친구들을 집으로 오게 할 것이다. 그리고 나는 계절을 따라 피고 지는 자연 속에서 자연과 더불어 살아갈 것이다.

계절을 따라

피고 지는 자연 속에서

더불어 살아갈 것이다

2부

포개진 밥공기

캐리어로 인한 행복

/11

코로나19로 우리의 일상은 많은 것들이 바뀌고 있다. 바깥에 나가서는 행동거지 하나하나를 조심해야 한다. 사람들이 많이 모여 있는 실내에 가급적 들어가기가 머뭇거려진다. 또한 들어갔더라도 오래 머물러 있기가 꺼려진다. 목구멍이 근질근질하여 기침이 나올 때는 꾹꾹 참고 삼키던지 주위를 의식하며 죄인처럼 고개를 푹 숙이고 해야 한다. 부부라도 따로 외출하고 집에 돌아오면 서로 의심하며 동선을 확인한다. 수다쟁이 친한 친구와도 멀찌감치 사회적 거리를 둬야한다.

코로나19 때문에 새로운 신조어들이 생겨났다. 팬데믹,

언택트, 뉴노멀, 포스트코로나, 홈코노미, 코로나블루 등등. '이시국 여행'이라는 신조어도 있다. 이 시국에 아랑곳하지 않고 여행하는 사람을 비꼬며 가리키는데서 나온 말이라고 한다. 코로나로 팬데믹이 된 이 시국에 여행을 한다는 것은 정말 생각조차 못할 일이다.

며칠 전 집안의 옷장을 정리하는데 귀퉁이에 먼지가 수북하게 쌓인 여행 가방이 보였다. 그 캐리어를 보는 순간, 멀고 낯선 나라로 여행을 다녔던 생각이 나며 가슴이 벅찼다. 지금 생각을 떠올려보니 꿈만 같다.

여행을 떠나기 며칠 전부터 캐리어 속에 짐을 차곡차곡 싸며 기대하고 설레었던 마음. 곡두새벽에 일어나 인천국제공항 버스를 타기 위해 정신없이 서둘러 나갔던 그 순간. 인천 국제공항에 도착해서 모든 수속을 마치고 커피한잔의 달콤하고 여유로웠던 그 장면들이 아련하게 느껴졌다.

이 모든 것들이 언제쯤이나 회복이 될까! 앞으로도 예전처럼 자유롭게 훨훨 돌아다니는 세상이 오기나 하는 걸까! 알 수 없는 세상에 지나간 그 순간들이 그리움으로 되살아났다.

딸의 버킷리스트 중에는 결혼 전 엄마와 함께 해외여행

10개국 가기가 있었다. 10개국은 가지 못하고 7개국은 실천하고 결혼했다. 여행했던 나라 중에 지중해 발칸반도가 가장 기억에 남는다. 그 중에서도 '크로아티아'를 잊을 수 없다. 다시 가보고 싶은 곳 1순위다. 두브로브니크의 성벽과 파란 지중해, 주황색 지붕과 성벽 안으로 그들의 일상, 내 생각과 다르게 실제로 크로아티아 사람들이 살고 있었던 두브로브니크의 카페며 가게들과 레스토랑이 늘어져 있는 골목들, 얼마나 많은 사람들이 다녀갔는지 대리석 바닥이 반질반질한 구도심의 스트라둔 거리, 그 거리를 걷는 관광객들의 얼굴이 행복해 보였었다. 스트라둔 거리를 다녀간 수많은 여러 나라의 사람들도 팬데믹으로 꼼짝하지 못하는 이 시국에 나와 같이 그 행복감을 되살리며 살아가고 있겠지.

 캐리어를 보는 순간, 문득 그때의 추억이 되살아났다.

 크로아티아 '플리트비체'도 너무 아름다웠다. 에메랄드 물빛으로 유명한 호수를 들여다보니, 맑아도 너무 맑은 물속에서 한가로이 헤엄쳐 다니는 크고 작은 송어들, 행여 도망갈세라 조용조용히 허리를 굽히고 송어들과 무언의 대화를 나눴다. 다시 송어들과 이야기라도 나누고픈 심정으로 눈으로 찍고 또 찍으며 잊지 않으려고 마음에 콕콕

새겼었다.

 까마득히 잊었는데 캐리어를 보니, 그 순간들이 자꾸만 생생히 되살아난다. 자그만 폭포수는 어디서부터 흘러오는 건가! 끊임없이 떨어지는 그 많은 폭포들 중 하나만이라도 내가 다니는 길가에 있다면, 나는 매일 그길로 다닐 텐데….

 내 눈에 보였던 그 멋진 에메랄드 물빛처럼 내 영혼도 늘 그렇게 맑을 수만 있다면 좋겠다.

 자그레브 '돌라츠 노천시장'도 다시 한 번 가보고 싶은 코스다. 그 뒷골목 거리도 다시 한 번 여유롭게 걸어 봤으면 싶다.

 발칸지역 여행에 베네치아는 일정에 없었지만 베니스 공항에서 출발시간이 많이 남아서 90유로를 더 주고 들렀던 곳이다. 전혀 예기치 못한 횡재라고 할까. 텔레비전으로만 봐서 꿈에만 그리던 너무도 가보고 싶었던 곳이었다. 정말로 좋았다. 환상의 도시였다. 118개의 섬들이 약 400개의 다리로 이어져있고, 섬과 섬 사이의 수로가 중요한 교통로가 되어 독특한 시가지를 이루는 흔히 '물의 도시'라고 불리었다. 베네치아 역사는 이민족에 쫓긴 롬바르디아의 피난민이 만 기슭에 마을을 만든 데서 시작했다고 한다. 너무도 멋진 산마르코광장과 예쁜 레스토랑과 상점들, 가장 오래됐다는 커피숍에서 딸과 함께 마신 에스프레소 한잔의 맛은 잊을 수가 없다.

  우리는 수상택시를 타고 신나게 돌며 가이드의 설명을 열심히 듣고 물의도시 그 이름도 찬란한 베네치아를 감상했던 것이다. 잊지 못할 베네치아! 그렇게 아름다운 도시가 또 어디에 있을까. 베네치아에서 화내는 사람은 한명도 없을 것이다.

  우리는 언제쯤 여행용 캐리어를 다시 꺼내어 새벽을 바삐 설치게 될 것인지!

12 칵테일 거짓말

  몇 년 전부터 나는 교회의 소모임에서 셀장이라는 리더 역을 맡아 봉사를 하고 있다. 현재는 코로나19로 셀 모임이 모두 중단된 상태다. 그래서 그런지 평범했던 셀 모임에서 그녀들과 함께했던 사소한 것들조차 진정 그립게 다가온다. 흘려보냈던 작은 체험과 감동들을 이제 다시 느끼지 못할 것 같다는 생각을 하니 무척 안타깝고 아쉽다. 불과 몇 개월 전에 일어났던 일들이 아주 먼 옛 일처럼 느껴진다.

  코로나19 이전의 세상으로 되돌려달라고, '뉴 노멀'은 싫다고 떼라도 쓰고 싶은 심정이다. 요즘은 식당이나 카페에 가면 사람 대신 자동주문 컴퓨터가 화면을 디밀고 있으면 당황스럽다. 내 앞뒤로 젊은이가 서 있으면 그나마 물어보기라도 할 수 있어 안심인데, 내 나이보다 많은 사람이 서 있으면 난감하다.

그런데 다가올 '뉴 노멀'은 도대체 어떤 것들이 어떻게 변할지 아날로그 사람들도 '뉴 노멀' 시대에 적극적으로 대처해 살아갈 수 있을지 걱정이 앞선다.

하지만 실수에 실수를 거듭하다 보면 차츰 적응하며 살아 갈 수 있게 되겠지…. 라는 믿음도 가져본다.

코로나 19가 일어나기 전과 그 후는 많이 다를 것이라고 사람들이 말한다. 지나간 것들 중에 작은 것 하나라도 더욱 아끼고 소중하게 남겨놓고 싶은 심정이다. 그때는 별것 아니라고 무시하고 지나쳐 버린 것들, 그 정도야 뭐! 시시하다고 생각했던 일조차 지금에 와서 돌이켜보니 얼마나 소중했었던가를 다시금 깨닫게 된다. 그래서 지나간 작은 행복들을 다시 찾아 내 맘속에 가두었다. 그리고 출타금지를 시켰다.

그 중 유독 밀고 나와 내 손끝에 매달리는 것이 있다. 몇 년 전 셀원 중에 한 사람이 연말에 중국 장가계에 가서 셀 예배를 드리자는 의견이 있었다. 말이 나오자마자 모두 기다렸다는 듯이 좋아했다. 리더로서의 책임도 있고 쉽지는 않을 거란 생각은 잠시, 여행을 좋아하는 나로서도 잘 만 다녀온다면 반대 할 이유는 없었다. 사정이 있어 두 명은 못 가고 세 명이 가게 되었다. 교회 집사님들과는 처음으로 여행을 가는 것이라 재미가 있을까! 큰 기대는 하지 않았다.

여행가기 며칠 전 셋은 단톡방을 열고 서로 카톡을 나누었다.

한 집사님이 "집사님! 며느리가 가져온 수면제가 있는데 가져갈까?"라고 하여 좋다고 했다. 잠자리가 바뀌면 잠을 잘 못 주무시나! 하는 생각이 들었다. 그리고 집사님 며느리는 무슨 연구원이라는 말만 들었지 자세한 것은 모르고 있었던 터라 제약회사 연구원인가? 라고 생각했다. 서로 카톡을 나누며 중복 되는 물건은 빼고 필요한 물건은 더 사서 완벽하게 준비를 했다. 그때 다른 집사님이 "소화제는 내가 가져갈게." 하며 매실청을 가지고 오겠다고 했다. 나는 속으로 외국여행을 가는데 매실청을 가지고 가는 사람도 있었구나! 라고 생각하며 뭐 나쁠 것은 없겠지? 하며 잊고 있었다.

드디어 11월 중순쯤 되어 셋은 장가계에 가게 되었다. 낮선 여행파트너들 때문일까, 왠지 설레기도 하고 새로웠다. 가는 날 아침에 고속버스터미널에서 만난 집사님들은 고등학교 수학여행 가듯 정말 행복한 얼굴이었다.

  11월의 장가계는 적당히 추운날씨였다. 눈앞에 펼쳐진 웅장한 장가계 풍경은 감탄이 절로 나오며 심장이 멎을 정도로 아름다운 산들이었다. 가는 곳마다 우리나라에 있어야 되는데 하는 질투심마저 생겼다. 한국지폐가 통용될 정도이니 우리나라 사람들이 얼마나 많이 찾는 관광지인지 금방 알 수 있었다.

  패키지여행을 하다 보면 가이드의 역할이 참 중요함을 느낀다. 그 나라의 음악과 미술 등 과거의 역사와 현대 문화를 느끼게 해주고, 가는 곳마다 관계되는 설명까지 꼼꼼하게 잘 알려주는 실력 있는 가이드가 있는가 하면, 장가계서 만난 남자 가이드는 설명은 뒷전이었다. 우리 일행들은 장가계에 대해 다 알고 온 사람 취급을 하고는 자기 가족들 이야기로 훨씬 많이 떠드는 것이었다. 본인은 이 일을 하며 매일 반복되는 말을 해서 다 알고 있겠지만 말이다. 우리는 처음인데….

  알지도 못하는 가이드의 아버지, 엄마, 아내, 아이들의 집안 이야기로 날마다 시간을 메꾸었다. 아버지 취미부터 아이 취미까지…. 그러나 가이드의 행동이 나쁘면 트집이라도 잡을 텐데, 성격이 좋으니 아무도 뭐라고 하지 않았다. 가이드가 집안 이야기가 하고 싶어 또 슬슬 시작하면 우리 셋은 너무 어이가 없어서 서로 아이컨텍하며 웃기 시작했다. 옆에서 집사님이 "좋게 생각해. 잘 들으세요. 호텔에 들어가서 시험 봅니다."라고 했을 때 배가 아프도록 웃었던 기억이 난다.

그 날도 그렇게 웃으며 저녁을 먹고 호텔로 들어와 우린 성경을 한 구절 읽고 하나님 찬양을 부르며 감사기도를 드렸다. 잠시 후 집사님이,

"혹시 잠 안 오면 말해! 수면제 줄게."라고 했다. 옆에 집사님이, "나 좀 줘봐." 하니 물이 들어 있는 하얀 플라스틱 약병처럼 생긴 것을 내놨다. "먹어봐요, 약발은 좋아. 아직 시중에 없는 거야."라고 하시며 "우리 며느리가 요즘 시음회 하러 다니느라 바빠. 시음하고 말 좀 해줘봐."라고 했다.

그건 바로 지금 시판되고 있는 ○○소주였다. 우린 그 말이 너무나 웃겨서 깔깔깔~ 웃었다. 나는 맥주라면 모를까 소주는 못 마신다고 했더니, 옆에 집사님이 잠깐 있어보라며 매실에 소주를 살짝 넣어먹으면 달달하고 맛있다며 타줬다. 한 모금 먹어보니 주스처럼 맛있었다.

"이거네! 됐어요. 시음회는 여기서 멈추라고 하세요."

"이걸로 결정하세요." 하며 낮에 웃었던 가이드 뒷담화로 광대뼈가 아프도록 웃으며 가지고 온 김과 한 잔씩 칵테일해서 맛있게 마셨다.

나는 중국음식이 입에 맞지 않아 저녁을 거의 먹지 못했는데, 아마도 빈속에 술을 마셔서 그런지 급격히 졸음이 쏟아졌다. 그 날은 그렇게 술기운으로 깊은 잠에 빠져 백설공주의 친정엄마처럼 푹 잤다.

아침에 일어나 5분기도와 함께 우리의 웃음보가 또 터지기 시작했다. 모르겠지만 어젯밤의 칵테일 때문에 벌어졌던 그 일 탓인 것 같았다. 남들에겐 별것 아닌 것이 우리에게 왜 이렇게 웃긴 일인지 정확히 드러내놓고 되풀이 말 할 수는 없었지만 우리는 계속 히죽히죽 웃었다.

3일째 되는 날 같은 일행 중 한 부부가 우리에게 재밌게 여행을 하는 것 같다며 "친구는 아닌 것 같고…."라며 자신 없는 투로 물어왔다.

나는 그만 별 생각 없이 장난기가 발동됐다. 그리고는 그만 "저흰 동서지간이어요"라고 말을 해버렸다. 생각도 안 해본 말이 왜? 툭 튀어 나왔는지 모르겠다.

"와 정말 보기 좋으시네요." 하며 자꾸 말을 걸었다. 그런데 나는 자꾸 장난기가 더해만 갔다.

"우리 큰형님이 나이가 좀 있어서 막내인 제가 부모님을 모시고 사는데, 고맙다고 두 형님들이 이렇게 여행시켜 주시네요."라고 더 큰 거짓말까지 나와 버렸다.

어젯밤에 먹은 매실청과 아직 시판되지 않은 ㅇㅇ소주가 뒤섞여 잘못된 만남이 분명했다. 그 사람들은 손바닥까지 치며 감동을 했다. 무슨 부부모임에서 왔는지 거의 그 팀들이 많았다. 그들은 다음 코스에서 내려 만나는 사람마다 인사를 했다.

"동서지간 이라면서요? 정말 보기 좋으시네요." 하는 게 아닌가! 우리는 버스를 타면 동서지간이 아니라고 말하려고 했는데, 두 집사님도 얼떨결에 동의하며 이제 어쩔 도리가 없게 되었다고 헤어질 때 말하자고 했다.

그 때부터 우리는 어쩔 수 없이 형님, 동서로 부르며 더 행복한 여행을 하게 되었다. 그렇게 부르다보니, 가짜가 아닌 진짜로 착각 할 정도로 더 친근해지기도 했다. 비록 칵테일과 거짓말로 맺어진 동서지간이지만, 우리는 지금까지도 재밌는 모임으로 이어지고 있다.

탕이를 사랑하는 딸

  딸은 어렸을 적부터 동물을 좋아했다. 초등학교 때는 학교 정문 앞에서 사온 병아리를 닭이 될 때까지 키운 적이 있었다. 하루는 외출하고 들어와서 보니 딸이 닭과 함께 침대에서 낮잠을 자고 있었다. 닭은 침대 머릿장에 올라 앉아 아이의 머리 맡에 배설물을 싸놓고, 딸은 배설물에 코를 댄 채 골아 떨어져 있는게 아닌가! 너무 기가 막혀서 흔들어 깨웠더니 닭이랑 뛰어놀다 지쳐서 깜박 잠이 들었다는 것이다. 아닌 게 아니라, 아파트 아래층 할머니가 올라오셔서 '친구들이 많이 왔나본데 조용하라'고 주의까지 받았다고 했다.

사과박스에 입주시켰던 병아리는 점점 자라서 암탉이 되어갔다. 넓은 공간이 필요하여 TV박스를 거쳐 나중에는 냉장고박스까지 넓혀졌다. 그럼에도 불구하고 걸쳐 놓은 나뭇가지횃대를 딛고 푸덕푸덕 날아올랐다. 더 이상 베란다에서는 키울 수가 없어 하는 수없이 마당이 있는 시댁으로 이사를 시켰다. 시아버지께서 웃으시며 딸에게 "아가! 요거 몸보신하면 딱 좋겠다."라고 하셔서 모두 깔깔 웃었다. 그 이후로는 강아지를 키우자고 졸랐지만, 나와 남편은 반려동물을 그다지 좋아하지 않아서 잊고 살았다.

그런데 웬걸? 대학에 들어가더니 또 강아지 타령이었다. 그러면서 강아지가 싫으면 손이 덜 가는 토끼를 키우자며 하루는 대형마트에 한 번만 함께 가보자고 졸랐다. 나는 시장에도 갈 겸 딸을 데리고 마트에 들어갔다. 마트의 한 편에 주먹만 한 앙증맞은 토끼가 딸과 내 눈을 홀렸다. 하얀색에 한쪽 귀가 검정색을 띤 빨간 눈이 아니라 검정 눈이어서 똘망하고 건강해 보였다. 값이 비싸면 한 번 더 생각이라도 해보았을 텐데… 싼값에 그만, 그래! 딸이 저렇게 원하니 사주자! 하고 결정을 내렸던 것이다. 하지만 토끼 값이 싼 반면 토끼집과 외출 때 필요한 케이지, 밥그릇, 물그릇, 목줄, 배변판, 건초 등 부수적인 것들이 토끼 값의 몇 배나 더 들었다.

집으로 온 토끼가 너무 앙증맞아 '토끼 앙증'을 줄인 이름으로 '토앙이' 더 줄여서 '퉝'이라고 불렀다. 암컷인지 수컷인지도 몰랐는데 나중에 알고 보니 수컷이었다. 나는 귀찮아도 병아리를 키웠던 기간이면 될 거라는 생각을 했다. 토끼의 평균수명은 6~10년 이라고 한다. 그러나 우리 퉝은 벌써 12년이나 되었다. 목줄을 하고 아파트 정원에 내려다 놓으면 지나가는 동네 사람들은 작은 퉝이를 보고 모두 걸음을 멈추었다.

'아니! 강아지가 아니고, 토끼잖아?' 하며 모두 놀라워했다. 토끼가 밖에 나와 노는 광경은 본 적이 없다며 모두 발걸음을 멈추고 신기하게 여겼다. 어이가 없다는 것인지 예쁘다는 뜻이라는지 모르겠지만, 그들은 분명 신기하다는 표정이었다. 그리고는 웃으며 뒤를 또 돌아보며 웃음기 잔뜩 머금고 지나갔다.

그렇게 식구들에게 관심을 받으며 행복바이러스를 퍼트리는 퉝이로 잘 자랐다. 눈 오는 날에는 팔딱팔딱 몇 시간씩 나가서 뛰어놀다 들어왔다. 동요에 나오는 토끼가 새벽에 세수하러 왔다가 왜 물만 먹고 가는지도 퉝이 키우며 알게 되었다. 토끼는 동트기 전 새벽을 좋아한다. 그리고 물이 아닌 제 스스로 씻는 방법이 있다. 물이 털에 닿으면 저체온증이 걸려 위험하단다. 그러니까, 동요 속의 토끼는 애초부터 세수하러 나온 게 아니라 물만 먹으러 나온 것이다. 퉁이를 키우기 전까지는 동요 속의 토끼를 게으른 토끼로 오해한 셈이었다. 우리가 갈증이 나서 물을 벌컥벌컥 마실 때처럼 퉁이도 소리를 내며 물을 먹는다. 반려토끼는 건초를 먹어야 하니 잠시라도 물통에 물이 없어서는 안 되는 것이다.

딸은 출장이나 여행으로 며칠씩 집을 비우게 되는 날에는 '퉁이 케어'라고 A4용지 서너장에 밥과 간식 주는 시간, 영양제와 소화제 먹이는 시간 및 주의사항 따위를 적어 베란다 문짝에 붙여놓고 갔다. 부모 안부 따위는 관심조차 없고, 해외에서 수시로 퉁이가 잘 있느냐고 전화가 걸려온다.

집에 돌아와서는 신발 벗기 무섭게 '퉁아~우리 퉁아~'하며 토끼가 있는 베란다로 뛰어간다. 그 순간에 딸은 토끼 외에는 뵈는 게 없다. 그러나 딸이 그렇게 좋아하는 토끼도 나이는 못 속이는가 보다. 가끔씩 소화 장애를 일으켰다. 퉁이의 진단키트는 따로 없지만 토끼의 똥 모양과 크기로 금방 알 수 있다.

딸은 퉁이에 대한 똥도 크기 별로 테이프로 붙여 전시

해놓고 우리에게 교육을 시켰다. 건강한 똥은 메주콩 크기로 황금색을 띤 반면, 건강하지 않은 똥은 쥐눈이콩만 하고 진하다. 가끔은 설사를 한다. 털에 물이 닿는 것을 무척 싫어하는 토끼는 습기가 많은 장마철이 되면 가끔 아프다. 퉁이가 아프면 딸의 마음은 몇 배로 아픔을 더 느낀다.

 어느 해 장마철에는 풀을 입에 대지도 않고 힘없이 축 쳐져서 있어서 무척 놀랐다. 우리는 이번에야 말로 퉁이와 헤어질 준비를 해야겠구나 생각까지 했다. 딸은 밥도 먹지 않고 눈물을 뚝뚝 떨어뜨리며 퉁이에게 안절부절 못했다.

 토끼 전문 동물 병원은 빗속을 뚫고 승용차로 30분 이상을 가야만 했다. 엑스레이로 안 되서 CT까지 찍었다. 위가 약해져서 치료약과 유산균과 소화제를 처방받고 3시간을 넘게 영양주사를 맞추어 데리고 왔다. 우리는 병원비에 대해서는 남편에게 함구했다.

 그날 밤에 딸은, "엄마! 엄마가 왜, 나에게 매일 수시로 카톡을 보내고 전화하면서 조금이라도 늦는 날에는 안절부절 걱정하는지 알 것 같아. 엄마도 이런 마음이었구나." 라고 내게 말하는 것이었다.

 딸이 토끼 때문에 내 마음을 알았다니! 그동안 베란다를

 퉁이를 사랑하는 딸
 퉁이가 아프면 딸의 마음은 몇 배로 아프다

엉망으로 해놓고 노는 퉁이가 싫을 때도 없지 않았다. 토끼를 데려온 일도 후회한 적이 있었는데, 나는 모든 일이 눈 녹듯이 사라졌다.

하지만 퉁이가 언제까지 딸의 기쁨이 되어 줄 것인지! 어느 날 갑자기 헤어지는 슬픔이 오면 어떻게 하나? 나는 그게 걱정이다. 그때가 와도 너무 슬퍼하지 말아야 한다고 나는 딸에게 수시로 말해주었다.

딸의 그런 마음을 예비사위도 알아챘는지, 퉁이와 똑같은 크기와 색깔로 토끼의 모형을 만들어 유리 상자에 넣어 선물을 했다. 사진을 찍어서 주변사람들에게 보여줬더니 진짜와 가짜를 구분하지 못하더라는 것이다. 딸에게 '엄마 사랑'을 알게 해준 퉁이는, 결혼한 딸집으로 보금자리를 옮겼다. 따뜻하고 햇볕이 환하게 들어오는 아파트 베란다에서 오늘도 딸의 기쁨조 역할을 다하고 있으리라.

딸은 퉁이의 사진을 찍어 내게 부연설명과 함께 마구 카톡을 날린다. 예전에는 딸에게 연락 후 즉답이 안 오면 내가 안절부절 못했는데, 요즘은 딸에게 그대로 당하고만 있다. 퉁이의 사진을 보고 즉답을 해주지 않으면 시큰둥하다. 왜? 반응이 없냐고, 어찌 반응이 건조하다며 격한 〈이모티콘 하트〉의 반응을 재촉한다.

14 포개진 밥공기

　엄마가 혼수로 사줬던 물건을 나는 아직도 지니고 있다. 그중에 35년이 넘도록 버려지지 않은 몇 가지 중 전자레인지가 남아있다. 나는 냉동 음식이나 익힌 음식보다는 생것을 좋아해서 전자레인지를 자주 쓰는 편이 아니다. 사용하는 횟수가 적다 보니 당연하게도 덜 낡아졌을 것이다. 그래서 지금까지 수명이 연장 된 듯싶다. 골동품이지만 원하는 버튼을 누르면 처음처럼 변함없이 척척 잘 해낸다. 그리고 디자인도 고급스럽고 정이 들어 오래 되었더라도 곁에 두고 싶은 물건이다. 며느리가 새것으로 하나 바꿔주고 싶다고 말했지만, 아직 내가 켜는 대로 잘 따라주고 있으니 걱정 말라고 했다. 그리고 하얀색 그릇세트를 꽤 많이 사 주었다.

엄마는 집안 살림을 꼼꼼하게 잘 하셨던 것 같다. 싱크대와 다용도실은 언제 어느 때 열어봐도 그릇들이 종류별로 차곡차곡 보기 좋게 줄 맞추어 쌓여 있었다. 그때는 그것이 당연한 거라고 여겼는데 지금의 나와 비교해보면 엄마는 참으로 부지런하셨다. 내 결혼 살림살이를 조언해주신 것만 보아도 살림에 관한 센스가 있었던 것이 분명하다.

나는 처음부터 하얀색 그릇으로 시작해서 그런지, 지금까지도 비싼 명품 그릇보다는 하얀색 그릇에 요리를 해서 담는 것을 좋아한다. 밥공기와 국그릇이 깨지면 처음 것과 거의 비슷한 것으로 바꾸고 하얀색만을 지극히 고집하며 사용해 왔던 셈이다.

며칠 전 아직껏 살아남아 있던 밥공기가 눈에 띄어 오랜만에 내놓고 사용했다. 설거지를 하면서 사용 중이었던 밥공기와 포개어 엎어놓았다. 그런데 이튿날 사용하기 위해 빼려고 하니 꿈쩍도 하지 않았다. 끓는 물에 넣어 요리조리 빼려고 애를 썼으나 끝내 빠지질 않아서 결국 내버리고 말았다.

그러면서 문득, 우리의 인간관계도 저런 경우와 비슷할

수 있겠구나라는 생각이 들었다. 적당하게 거리두기를 못한 포개진 밥공기들처럼 인간끼리도 그러지 않을까? 타인끼리 너무 자주 만나 밀접하다 보면 서로 흠결이 보이고 실수도 하게 마련이다.

우리는 흔히 '너무 자세히 알려고 하지 마. 다쳐.' 라고 농담을 할 때가 있다. 나는 아무리 가깝게 지내는 친구와도 포개진 밥공기처럼 관계를 맺지 못하지만, 싫어져도 뒤엎지는 못하는 성격이다. 물론 마음으로는 자석에 쇳가루가 달라붙고 떼어내듯 공감 할 수 있다. 하지만 행동으로 옮기는데 까지는 경우에 따라 다르긴 하지만 몇 번씩 생각하고 옮기는 편이다. 더군다나 게을러서 한두 번 또 미루다 보면 자연스럽게 적정 거리가 유지되었다. 그래서 전자레인지 사용 횟수처럼 많지 않게 접촉을 하면서 관계가 유지되었고, 지금까지 오랜 친구가 되었다.

이질적 행동이 앞서는 사람과는 다르다. 포개진 밥공기들처럼 거리가 지나치게 좁혀짐을 느끼면 같은 극의 자석처럼 미세하게 버둥거리며 밀어내게 된다. 그런 성격이 습관이 되어선지, 언제나 행동이 마음을 바로 바로 따라가지 못 한다. 행동이 앞서는 사람과 부딪치게 되면 깜깜한 싱크대 속의 그릇처럼 차곡차곡 부담이 쌓여만 간다. 코로나 때문에 사회적 거리두기가 필요하듯 개인도 포개진 밥공기 신세가 되기 전에 진작에 관계적 거리두기도 필요했던 것 같다.

코로나 시대의 요즘 종교적 거리두기에 부딪친다. 코로나19 이전의 일들이지만, 일 년 내내 종교의 행사가 끊이지 않는 편이라고 불평하는 이들이 많았다. 출입구에는 중직자들의 이름이 공개적으로 노출되어 출석체크는 물론 스티커까지 붙이게 하니 빈 공간으로 있는 중직자는 무척 부담스러웠다.

물론 선한 욕심에 대한 나의 믿음 없는 반응이지만, 몸은 와 있지만 노아의 방주에 들어갔는지 영혼의 방주에 올라탔는지 의심마저 들었다. 진정성 없이 시끄러운 소리를 질러대고 울려 퍼지게 할 때마다 하나님은 역겹지 않으셨을까! 마음을 다하지 않고 출석체크 따위를 위해 모이는 사람들에게는 제발 오지 말라고 꼴도 보기 싫다고 하지는 않으셨을까! 믿음이 떠난 각종 행사와 모임에 억지로 끌려다닌다면, 하나님께서는 가증스러운 우리를 내가 버린 포개진 밥공기처럼 내다 버릴지도 모른다는 생각이 들었다.

믿음 없는 우리들과 거리두기를 하시며 왕왕거리는 꽹

과리 소리에서 벗어나신 요즘 하나님께서도 고요하고 평화로우실 것 같다. 그럼에도 불구하고 사랑으로 꽉 차신 하나님은 가중스런 인간을 위해 이 기간 동안도 새로운 축복의 계획을 세우고 계시지는 않으실까? 요즘같이 코로나로 사회적 거리두기를 하는 이 시기가 어쩌면 나에게는 하나님을 더 깊이 알게하는 시기 일지도 모른다는 생각을 했다. 이 전염병이 언제 종식 될지 모르지만, 나는 안식년이라고 생각하고, 평안함을 누리며 가만히 기다리고 있다.

이 평안함이 지나간 뒤에는 그동안 조금이라도 소원해 졌던 관계들이 회복되고, 하나님께서 만들어주실 새로운 세상을 함께 펼쳐갔으면 하는 소원을 빌어본다.

15 ___ 옛날 사람이라니!

추석명절을 시댁에서 보내고 귀가하는 승용차 안이었다. 남편은 운전을 하고 나는 이런저런 인터넷 기사를 검색했다. 현대 사람과 옛날 사람이 명절을 바라보는 시각을 인터뷰한 기사 내용이 있었는데 충격적이었다. 그 기사 내용이 아니라 바로 60세 이상을 옛날사람이라고 지칭했다는 사실이다.

'27세(현대), 45세(현대), 56세(현대), 60세 이상은 옛날 사람. 나는 아직 한 번도 내가 옛날 사람이라고 생각해 본 적이 없었는데 이게 무슨 소리인가? 70세 이상이라면 혹시 모를까! 가슴이 먹먹해짐을 느꼈다. 갑자기 먹구름이 내 마음 한구석으로 몰려 들어오는 이 기분은 뭐지? 기자가 뭘 잘못 알고 게재한 것은 아닌가. 옛날 사람에 대하여 아래에 부연 설명이라도 있나? 하며 기사를 다시 봐도 그런 내용조차 없었다. 심지어 60대(옛날)사람들을 가장 많이 인터뷰를 해놓았다. 얼마 전에 개성 남북 공동 연락사무소가 폭파되어 갈앉은 것처럼 내 마음도 폭삭 주저앉았다.

나름대로 SNS 소통은 물론 젊은이의 의식을 잃지 않고 산다고 자부하였는데, 옛날 사람이라니! 어딜 봐서 60대가 옛날 사람이라는 거야? 이건 그냥 나이를 기준하여 싸잡은 기사로 분명 잘못된 거야! 갑자기 얼굴이 후끈 달아올랐다. 왠지 그 순간 사회에서 내동댕이쳐져 배신당한 느낌이었다.

내가 벌써 우리 부모 세대 같은 옛날 사람으로 분리되는 건가. 다른 사람은 몰라도 나는 아니겠지? 나는 아직 아니라고! 메아리가 되어 다시 되돌아올지라도 허공에 대고 소리라도 지르고 싶었다. 그리고 그 기사를 쓴 기자에게 묻고 싶었다.

'무슨 근거로 60세 이상을 옛날 사람이라고 단정 지은 거냐고?'

흥분되는 마음을 다독이며 운전하고 있는 남편에게 기

사내용을 말해주었다.

"여보! 우리가 옛날 사람이라네. 말도 안 되지 않아?"라고 말이 끝나기도 전에, 남편은 "당연하지 그럼. 우리가 옛날 사람이지 그럼 현대사람인가?"라고 대꾸했다. 물어본 내가 바보였다. 동질감과 위로를 받고 싶은 마음이었거늘, 오히려 쐐기를 박았다. 짜증이 증폭되어 갑자기 약이 올랐다.

"하기야 당신은 변화하는 문화에 관심 없는 오지의 사람이지. 이름을 구석기로 바꾸세요." 나는 중얼거렸다. 갑자기 불똥이 남편에게 튀어버린 것이다.

"당신이 이 정도인 것은 모두 다 현대적인 감각으로 살고 있는 내 덕이야. 알고는 있죠?"라고 쏘아 붙였다. 그러자, 남편은 아무 대꾸도 하지 않은 채 운전에만 열중했다. 나는 잠잠히 생각에 잠겼다. 그러고 보니 내가 결혼할 때, 친정엄마 나이가 56세이셨다. 그 때의 우리 부모들은 내 눈으로 볼 때 분명히 옛날 사람이었다. 그런데 지금 나는, 그 때의 친정엄마 나이보다 몇 살이나 더 많다. 그렇다면 숫자로만 볼 때에는 틀린 말이 아니라는 생각이 들었다. 받아들이고 싶은 마음은 없지만 절대 부정할 수 없다고 이르자 자포자기와 함께 쓸쓸함이 찾아왔다. 갑자기 마음이 숙연해졌다. 그동안 나이 많은 것을 부정할 수 없게 만든 정황들이 속속 떠올랐기 때문이다.

일단 젊은이들이 사용하는 '인싸 용어'가 무슨 뜻인지 이해하지 못 한다는 것이다. 말도 빠르고 대화의 맥락을 따라 풀어보려고 하면 바로 다른 말로 넘어간다. 젊은이의 대화를 끊고 물어보는 것도 한두 번이지, 눈치로 대강 알아들을 수밖에 없는 처지가 되다 보니 옛날 사람으로 수긍해야 하나.

봉사할 때 일이다. 만나는 젊은 엄마들이 자기들끼리 반말로 수다 삼매경이다가도 내가 등장하면 꼭 존댓말로 60대인 나를 공손하게 대하는 느낌이었다. 봉사를 마치고 차를 마실 때에도 60대인 우리에게서 멀리 있는 의자부터 채워 앉았다. 60대가 두 명이었는데, 한 명이 빠지면 의지할 곳이 없었다. 그때 느꼈던 그것이 바로 내가 옛날 사람의 길을 걷고 있었음에 또 한 표를 던진다.

나이 많은 언니들이 만남을 약속하며 달력에 메모까지 했으면서도 깜빡 잊었다고 했을 때, 정말로 이해가 되지 않았다. 그런데 요즈음 내가 그러고 있으니 여기에도 또 한 표다.

유명한 배우이름을 까먹는 건 당연하고, 지인의 이름 석자 중에 한자 틀리는 것은 예사다. 요즈음 딸에게 자주 듣는 소리가 있다. '다시 생각해 봐요.' 정확히 말을 해봐도 '도통 답이 안 보이는군.'이라고 한다. 딸이 운동을 하거나 스트레칭을 할 때, 두 다리를 쭉 펴고 따라 하면, 반도 안 폈다며 고장난 장난감 같다고 깔깔거리며 웃어댄다. 가요나 팝송이라도 부르면 엄마는 왜 모든 노래를 트로트풍으로 부르냐고 한다. 나는 분명 잘 불렀는데, 딸에게는 옛날가요로 들리나보다.

이런저런 정황들이 아니더라도 연식이 한눈에 보이고도 남는다. 머리부터 발끝까지 완벽하게 노인 모드로 변화하고 있다는 것이다. 머리카락은 반백이고 돋보기를 쓰기 시작한지도 한참을 지났다. 굽 높은 신발을 신고 밖에서 돌아오면 허리에서 곡소리가 난다. 생각을 그만 멈추려 해도 내가 옛날 사람이라는 증거들이 떡가래 나오듯 자꾸 밀려나왔다. 이렇듯 나의 신체적, 정신적, 인지적인 것들이 수두룩하게 많았다. 아니 멀쩡한 것이 사실 한 군데도 없는 것만 같았다. 곰곰 생각하자니 기사를 올린 기자에게 살짝 미안한 마음마저 들었다.

억울하지만, 그 날은 나의 연식을 인정하는 순간이었다. 하지만 현대 나이 계산법이 따로 있다고 한다. 바로 내 나

이에 0.8로 곱하는 것이다.(63×0.8=50세)

   그렇다면 나는 50세에 불과하다.

   어쨌거나 인생은 60부터라니, 나는 옛날 사람이 되려면 아직 10년은 더 남았다고 억지로나마 위로해보았다. 회갑날 자녀들이 준비한 플래카드 글귀가 생각난다.

   '나이는 숫자. 마음이 진짜. 제2의 청춘을 축하드리며 다시 시작하는 젊음과 열정을 축하드립니다.'

   사람들 눈에는 옛날 사람처럼 보일지언정, 나는 플랜카드 글귀처럼 제2의 청춘을 젊음과 열정을 가지고 살아보련다.

정들었던 집

  10월의 해님은 나와 헤어지기가 아쉬운가 보다. 아파트 베란다를 거쳐 거실 안에까지 자꾸만 깊이 들어온다. 창문을 여니 상큼한 아침 바람이 휘휘 불어와 자리를 잡고 앉았다. 나하고 차라도 마시며 담소라도 나누고 싶은 걸까. 덜 깬 잠에 꾸벅꾸벅 졸리는 하루의 시작. 나는 짬 낸 시간을 반납하고 잠시 바람에게 추억을 내맡겼다.

  바람은 배달부 아저씨마냥 동네빵집 〈꾸드뱅〉과 〈몽엘〉찻집, 도랑이 보이는 카페 〈사이애〉의 대리인으로 온 것 같다.

  아파트 1층에서 계단을 따라 내려가면 가장 먼저 〈꾸드뱅〉이 보인다. 딸과 함께 책 한 권씩 가지고 나가 브런치를 즐기던 추억이 깃든 곳이다. 〈몽엘〉은 프랑스에서 공부하고 온 젊은 부부가 운영하는 찻집이다. 빵과 커피도 맛있고 품위 있게 꾸며놓아서 결혼한 딸이 너무나도 좋아했던 곳이다. 문을 열고 들어가면 원목으로 직접 만든 인테리어와 손뜨개질 소품들이 손님들을 맞이한다. 화려하지는 않지만 정감이 가며 마음이 따뜻해지는 분위기이다. 젊은 부부가 엷은 미소로 더도 덜도 아니게 친절하여 편안한 찻집으로 휴식의 장소였다.

졸졸졸 맑은 도랑물이 흐르는 동네 주변은 나에게 제2의 고향 같은 곳이다. 잊지 못할 것 같다. 높은 뒷산에서 내려온 깨끗하고 오염되지 않은 맑은 물줄기는 우리 동네를 처음으로 통과한다. 양쪽 둔치에 있는 노랑 금계국이 여기저기서 반갑게 손짓하며 반긴다. 나는 말없이 눈으로 인사를 건네고 그것들의 에스코트를 받으며 도랑물 줄기를 따라 힘차게 걷는다. 그 순간, 도랑물 소리는 나의 뇌리에 들어와 내 마음을 송두리째 차지하곤 머리부터 발끝까지 맑은 물로 가득 채운다.

도랑가에 있는 〈사이애〉는 나이가 지긋하게 들어 보이는 부부가 운영하는 찻집이다. 갈 때마다 예쁜 찻잔에 더치커피를 서비스로 주는 인심 좋은 카페다. 내부가 조용

대전을 벗어날 거란 생각을 해본 적이 없었는데 _____
막상 대전을 뜬다고 생각하니 아쉬움과 그리움이 남는다 _____

해서 그 곳에서 독서모임을 하기고 했다. 그렇게 정들었던 이 동네를 떠나게 되었다.

그동안 편안하게 살았던 아름답고 사랑스러운 곳이며 그런 이웃들이 함께 해줘서 좋은 추억을 많이 쌓았다. 그래서 그간 행복했고, 감사했다고 바람에게 전달해 주고 가끔 안부도 부탁했다.

지금껏 이사 가는 집마다 축복이 기다리고 있었다. 또다시 짐을 꾸려 갈 그 집에서는 어떤 일이 생기고 축복을 받으며 살아가게 될지 기대된다.

우리가 처음 들어갔던 아파트는 아이들을 위하여 초등학교 정문 앞에 위치한 곳이었다. 그 아파트는 초. 중. 고교를 모두 걸어서 5분 이내 거리여서 아이들이 편하게 학교를 다닐 수 있었다. 나중에 딸은 그 집에서는 좀 떨어진 거리로 고등학교가 배정되어 봉고차를 이용해야만 했었다. 고등학교는 자습제도 때문에 밤늦게 수업을 마쳤다. 나는 아이가 걱정이 되어 학교 바로 정문 앞 아파트로 또다시 이사를 했다. 그래서 아이도 안전하고 편하게 학교를 다닐 수 있었다.

이전에 살던 아파트에서는 딸이 원하는 대학으로 편입되었고 대학원까지 합격되었다. 아들은 본인이 간절히 원했던 직장에 취직이 되었고, 남편은 정년퇴직 후 계열사에 재취업이 되는 기쁨을 갖게 되었었다. 물론 맹자 어머니의 삼천지교처럼 흉내 낸 일은 아니었지만 결과적으로 그런 셈이 되었다.

지금 아파트에서는 두 아이를 다 결혼시켰다. 더욱이 작은 아이는 코로나19가 퍼지기 직전에 또 부동산 전세대란 직전에 결혼을 하게 되어 감사할 따름이다.

대전을 벗어날 거란 생각을 해본 적이 없었는데, 막상 대전을 뜬다고 생각하니 아쉬움과 그리움이 남는다. 세종이야 행정만 다를 뿐, 거의 생활은 대전권이고 가까운 거리이긴 하다. 그러나 내가 앞으로 대전으로 다시 나와 살 일이 거의 없을지도 모른다는 생각이 들어서인지, 그동안 맺었던 인연들과 멀어져 마음이 허하다고나 할까! 언젠가는 조치원에 있는 본가로 들어가서 살 계획이 있었고, 나 역시 점점 늙어간다. 그런 나를 되돌아보며, 홀로 사시는 어머님에게 가깝게 가는 것이 좋겠다 싶어 세종을 선택했던 것이다.

이사 할 적마다 수고롭기는 했지만 살림살이가 정리되는 느낌이라서 새롭고 기분은 좋았다. 남편과 두 아이들이 축복받는 집들이었고 나에게도 이보다 더 큰 행복이 있었으랴.

　다음 주에 이사 갈 집에서는 이제 손자들이 내 품에 안길 것이다. 나는 마음속으로 지금까지 거쳐 간 집들처럼 무탈하고 축복 받는 집이 되길 두 손 모아 기도한다.

　아파트 앞산에서 날아오르던 산새들도 아침마다 재잘재잘, 쨱쨱 노래를 불러줘서 너무 행복했었는데, 춥다고 창문을 늦게 열었더니 화가 났는지 노래를 멈췄다. 아니면 함께 수다 떨어주던 내가 이사를 간다고 하니 삐친 것일까! 어쩌면 내가 이사를 가게 될 그 동네로 먼저 떼지어 가서 사전답사라도 하고 있는지도 모르겠다.

　오늘 아침은 바깥이 유난히 조용하다.

/17 _____ 멋쟁이

 그녀들을 만나면 언제나 즐겁다. 하루라도 안부에 틈이 생기면 이튿날 아침 단체카톡으로 어제의 시시콜콜한 대화가 등장한다. 우리는 서로 상대방의 입장을 헤아리다보니 날이 갈수록 든든한 친구다. 그래서 기쁨과 슬픔을 함께 나누며 서로에게 심심할 틈을 주지 않는다.

 금화는 우리 멋쟁이 모임 중에 막내다. 남편의 사업을 돕고 틈틈이 손주까지 돌보며 바쁘게 산다. 하루의 해야 할 일들을 언제나 빈틈없이 퍼즐 맞추듯 꼼꼼히 잘 해 나가는 무척 부지런한 사람이다. 그럼에도 불구하고 항상 먼저 우리에게 바람을 일으킨다.

"언니! 뭐 하고 계셔요? 나오셔요."

그제야 막 하루를 시작하려고 꿈틀대고 있는 내게, 막내는 자기네 사무실에 가서 벌써 제 할 일을 모두 해놓고 나오라고 전화를 하는 것이다. 나는 서둘러 준비하고 나가지만 항상 약속 장소에는 그녀가 먼저 와서 기다리고 있다.

막내를 만난 지는 30여 년이 되었다. 큰아이 6살 때 입주했던 아파트에서 처음으로 만났다. 나는 아파트 14층에 살았고 막내는 같은 라인의 2층에서 살았다. 그때도 그녀는 부지런했다. 한시도 가만히 앉아 있지 않고 하루에 열두 번도 더 집 안팎을 나왔다 들어갔다 하는 일개미 같았다. 집안에 분리수거 쓰레기도 모아 두지 않고 그때그때 즉시 버린다. 일개미가 가만히 멈춰있을 때 발을 열심히 비비고 있는 것처럼 이 막내 역시 한시도 쉬는 법이 없을 정도로 많이 움직인다. 물어보면 그녀의 대답은 걸작이다. 소파에 가만히 앉아 있으면 우울하단다. 그런 삶은 처음 만난 그때부터 지금까지 변함이 없다.

그녀에게도 힘든 일은 있었다. 남편의 사업으로 힘든 시기에 맞벌이를 한 적이 있다. 그녀가 힘들게 일할 때, 나는 언니로서 정신적으로 함께해 주었을 뿐인데, 그때부터 서로 신뢰하고 믿음이 쌓여져 간 것 같다.

나와의 관계뿐만 아니라 남의 일에도 자기 일처럼 적극적으로 나서서 해주는 그런 착한 동생이다. 여가생활 또한 여느 사람 못지않게 틈틈이 시간을 할애하는 막내다.

그런 그녀가 2020년 해에는 홀인원을 두 번이나 했다. 언젠가 '프레임'의 저자인 최인철 교수가 말하는 '행복의 조건' 강의를 들은 적이 있다.

'내 친구가 행복하게 되면 내가 행복해질 가능성이 약 15%가 증가 하고 내 친구의 친구가 행복하게 되면 내가 행복해질 가능성이 약 10% 증가한다.'고 한다.

막내의 홀인원 덕에 내가 15% 행복하게 되어, 내 주위 사람에게도 영향을 줄 수 있게 된 셈이 되었던 것이다. 그래서 그만큼 내 주변에 누가 있느냐가 참 중요한 것 같다는 생각을 했다.

또 다른 멋쟁이 희선 언니는 5번가 (패션 로드숍)에서 만났다. 5번가는 멋쟁이들의 아지트다. 주인장부터 한눈에 봐도 인품과 교양을 갖춘 품격 있는 멋쟁이다. 그 곳은 단골들만이 주로 찾는 숍이다. 5번가에 다니며 한두 해를 지내면 모두가 주인장처럼 멋쟁이로 변신하게 된다.

언니를 알기 전부터 막내는 늘 대화중에 인테리어 언니 이야기를 많이 했었다. 알고 보니, 그 인테리어 일을 하고 있는 언니가 바로 희선 언니였던 것이다. 인테리어 일을 해서 그런지, 언니네 집은 깨끗하고 먼지 한 점 없이 예쁘게 해놓고 살았다. 아기자기한 그릇, 반려식물로 베란다에는 다육이가 가득했다. 드레스 룸과 또 하나의 방에는 탤런트 못지않게 아이보리 색상의 옷들이 가득했다. 아이보리 색을 좋아해서 언니에게 애칭으로 '아이보리언니'라고 이름을 지어주었다. 뭐라도 있으면 하나씩 나눠주고 비싼 음식은 으레 언니가 사주곤 했다. 언니는 나를 알기 몇 개월 전에 세상에서 가장 슬픈 일이 있었다. 하지만 용감하게 잘 이겨내며 살고 있었다. 우리는 언니를 자주 만나 밥을 먹고 차를 마셨다. 가끔은 소주도 마시며 소리 내어 떠들며 조금이나마 슬픔을 덜고 웃게 해 주었다. 그러면서 언니네 집은 우리 3인방이 모이는 또 하나의 아지트였다.

셋이 만나면 같은 느낌을 받았는지 거의 비슷한 옷을 입고 올 때도 많았다. 청바지 입고 만나자고 한 적이 없는데 똑같이 입고 나오질 않나, 티셔츠 색깔이 똑같아 무슨 단체에 온 느낌을 받을 때도 있었다. 그것은 너무 느낌이 맞아 떨어지는 우연이었다.

우리는 함께 여행도 하며 같은 취미를 가지고 자주 만나 운동을 하고, 철 따라 맛있는 음식도 함께 먹으러 다니며 즐겼다. 봄, 여름, 가을, 겨울이면 꼭 함께 가는 단골식당이 있다. 봄에 식당을 가면 그 사장님은 으레 알아본다. 매년 봄만 되면 야들야들한 옻순을 보내주는 곳이 있어 우리는 옻순을 들고 그곳으로 가기 때문이다.

"알약 줘유?" 하며 주인장은 예방 차원으로 알약을 권한다. 혹시 옻이 오를까 염려하며 알약을 한 개씩 먹고 옻닭에 빠진 옻순 샤브샤브를 즐긴다.

식당 주인장도 우리 옆 상에 자리 잡고 앉아 함께 수다를 돕는다.

여름에는 여자들에게 좋다는 보양식, 겨울에는 동지 팥죽 등 맛집 투어를 즐기며 함께 행복을 나눈다.

운동을 하기 위해 몇 년 동안 수시로 지인들을 초대하며 함께 라운딩을 했다. 하지만 명현반응이랄까? 명현반응이 길어지면 중간에 포기들을 하는 것이었다. 그래서 항상 아쉬웠는데 홀인원을 한 친구의 덕일까! 그 친구의 친구와 우연히 함께 운동을 하게 되었다. 그 친구는 세련되었으면서도 진취적이고 역동적이었다. 그리고 우리와 함께하는 동안 아예 명현반응이 나타나지 않았다. 진통 없이 우리 셋과 소통이 되었던 것이다.

우리는 모임의 이름을 무엇으로 지을까 생각하다가, 모

두 마음도 모습도 멋지게 보여서 멋진 인생을 살자는 의미로 〈멋쟁이〉로 이름을 지었다. 모임의 구성이 미완성이라서 항상 아쉬웠는데, 드디어 〈멋쟁이〉 모임이 완성되었다.

좋은 인간 관계없이 행복하게 살고자 하는 것은, 식단을 바꾸지 않고 다이어트를 하는 것과 마찬가지라고 한다. 행복하고자 하면 행복한 사람 옆에 머물고, 불행해지고 싶으면 불행한 사람 옆에 머물면 된다고 하는 말도 있다.

나는 지금 행복한 사람들 옆에 머물고 있다. 좋은 인연으로 긍정적이고 진취적인 사람들과 시간을 함께 할 수 있다는 것은 얼마나 큰 보람이고 행복인가! 나도 멋쟁이 모임과 더불어 내 주위 사람들에게 작게나마 행복 전달자가 되어가는 기분이다.

　　　　　　　　　작은 기쁨이라도 오늘의 행복이

　　　　　　　이렇게 남다른 이유가 있었던 것이다

총각무의 행복

 어디가 모자란 사람처럼 보이지나 않았을까? 나는 택배 박스를 들고 허리를 숙인 채 끙끙거리며, 금방이라도 고꾸라질 듯 종종걸음으로 지하 주차장까지 내려갔다. 날씨가 추워 긴 니트 원피스에 조끼까지 입었더니, 허리를 숙일 때마다 옷자락마저 거추장스러웠다. 어깨에 맨 핸드백은 자꾸만 흘러내려오고 더구나 다초점 안경은 삐뚤어져 시야가 어리어리하니 정신이 없었다. 남편이 쉬는 날이었더라면 내 대신 해주었을 일을 헉헉거리며 안간힘을 썼더니 춥기는커녕 등에서 진땀이 났다.

 승강기에서 마주친 젊은 여성은 우물쭈물하는 모습으

로 애매한 듯 쳐다만 보고 있다가 내릴 때도 주춤주춤하더니 날 두고 혼자 주차장 쪽으로 가버리는 것이었다. 나도 언젠가 상대가 원하지 않는데 도와줘야할지 말지 망설이다가 그냥 내렸던 것을 후회한 적이 있었다.

끙끙거리며 들었던 택배박스에는 며칠 전에 담은 총각김치와 과일류들이 가득 들어있었다. 결혼한 자식들과 나누어 먹고 싶은 엄마의 욕심에 들어 올리지도 못할 만큼 잔뜩 넣어서 무거웠던 것이다.

해마다 시어머님이 김장을 해 주었지만 이젠 힘들어 하셔서 올해는 나 혼자 김장을 했다.

올해 김장은 나에게 특별했다.

작년부터 시댁의 마당에 있는 꽃밭의 귀퉁이에 한두 평 정도를 일구어 총각무를 심었었다. 어머님도 농사를 지어본 경험이 없으셨던 탓에 나와 합동으로 시작한 총각무 농사는 실패하고 말았다. 많이 먹을 욕심에 너무 촘촘하게 키운 결과, 무는 작고 잎만 퍼렇고 무성했다. 더구나 잘 자라라고 땅속에 오래도록 두고 늦게 뽑았던 것이다. 그랬더니 너무 커서 잎사귀가 내 무릎보다도 높이 올라 왔었다. 늦게 뽑으면 잎사귀도 무성하고 좋을 줄로만 알았는데 그게 아니었다. 잎사귀는 싱싱하고 좋아 보였으나 김치를 담고 보니, 흔히 하는 말처럼 고래심줄처럼 질겼다. 양념을 많이 넣으면 좋은 줄 알고 듬뿍듬뿍 넣었더니 뒤범벅이 되고 말았다. 더구나 통에 가지런히 담지 않았더니 하나를 꺼내려면 줄기가 긴 탓에 밑에 것까지 따라 올라와 꺼내 먹기조차 불편했다. 양념이 너무 아까워 볶아서라도 먹으려고 시도해 보았으나 얼마나 질긴지 제대로 익지도 않았다. 작년 총각김치는 양념만 아까운 꼴이 되었다. 그때야 나는 느꼈다. 모든 것은 적당한 때가 있다는 것을.

시어머님과 나는 잘못되었던 총각무 농사를 거울삼아 올해는 실패하지 말고 잘 해보자고 야심차게 다짐을 했다. 그래서 주말마다 시댁에 가면 총각무가 크는 것을 유심히 들여다보게 되었다. 작은 새싹에서부터 어머님과 상의하며 옆에 싹이 다치지 않게 조심조심 솎아 냈다. 알싸한 새싹은 샐러드로 작은 본 잎은 된장찌개와 섞어 보리밥에 비벼먹기도 했다. 야채시장에서 사는 것과는 비교도 안 될 만큼 맛있는 것 같았다. 그날도 너무 촘촘해서 솎아내고 있는데, 옆집 아저씨가 다가와서 가만히 들여다보더니,

"에구! 아냐, 아냐~ 그렇게 하면 안 돼유. 봄 열무는 큰 것부터 솎는 거고, 가을무는 무를 안착시켜야 하니 작은 것을 솎아내야 하능겨!"

옆집 아저씨의 훈수에 이해가 되면서 뭔가 한 수 배운 느낌이었다. 가만히 생각해보니, 작년에는 무가 너무 빽빽해서 크지 못하고 잎사귀만 무성했던 것이다. 그럼에도 불구하고 어머님은 꽉꽉 솎아내지 못한다. "아녀, 그냥 둬봐."라며 살살 아기 다루듯 했다.

작년에는 총각무의 양이 얼마 되지 않아 나만 가져가서 담았었다. 질겨서 한 통을 다 버렸다고 말 못한 내 잘못인가? 속상해 하실 것 같아 말을 안 했더니 의견이 딱딱 맞지 않았다. 더 솎아내야 하는데도 도통 어머님은 내말을 귀담아 듣지 않는 것이다. 어머님의 속마음이야 짐작되지만, 작은 열 뿌리가 튼실한 한 뿌리만 못했던 생각에 걱정이었다.

어머님은 슬며시 '내가 장사만 했지 농사경험은 없다'라고 했다. 그래도 그렇지, 나보다 더 모르는 것 같아 피식 웃음이 나왔다. 주말마다 가서보면 총각무 이파리는 눈에 띄게 잘 자라고 있었다. 자세히 들여다보니 총각무는 뿌리식물이니 밑으로 뿌리를 내려야 맞을 것 같은데 그렇지도 않았다. 총각무라 그런 것은 절대 아니겠지만! 자라면서는 흙을 살포시 밀어내어 반쯤은 흙 속에 묻어두고 반쯤은 솟아나와 양다리를 걸치며 살고 있었다.

시댁 마당은 하루 내내 햇빛이 들어온다. 햇빛과 바람

맛을 본 총각무는 흙 속으로 다시 묻히기를 거부하고 햇빛에게 홀려 아예 반쯤은 연초록으로 물들었다. 바람에 춤추는 잎사귀들은 해님과 놀다가 밤이 되면 이슬을 이불 삼아 잠이 들고, 그 소문이 땅속에 확 퍼졌는지 우후죽순 모두 나왔다. 이제 시댁 꽃밭은 이중생활로 양다리를 걸쳐 살고 있는 총각무들이 독차지를 했다.

시댁에 갈 때마다 나는 부리나케 마당으로 먼저 가서 총각무들과 눈도장을 찍고, 어머님과의 대화에도 그것들의 관심은 빠지지 않았다. 그렇게 총각무는 마당에서 인기종목 1위로 등극될 만큼 사랑을 받게 되었다. 연초록 무 빛깔이 진해지고 점점 살이 찌는 것을 볼 때마다 뿌듯했다. 주위 사람들은 아파트값이 몇 억씩 팍팍 올랐다고 흥분을 감추지 못하는 이 때, 나는 기껏 총각김치 한통에 행복을 느끼며 늦가을 보내고 있다. 보는 시각에 따라서는 참으로 한심할지 모르겠다.

올해의 총각김치는 작년의 실패를 경험한 뒤 노하우가 생겼기에 맛깔스럽게 성공시켰다. 안경의 초점을 잃고 종종걸음으로 허리 굽혀 날랐던 까닭은 그런 사랑으로 지켜보며 정성껏 키웠던 총각무라서 그랬다.

자녀들한테도 맛있다는 말을 들으니 너무나 흐뭇했다.

내친 김에 자신감을 얻어 지인들에게도 나누어주었다. 김치통 바닥은 보였지만 야릇한 행복은 오롯이 내 마음속에 저장되었다. 작은 기쁨이라도 오늘의 행복이 이렇게 남다른 이유가 있었던 것이다.

용기의 씨앗

19

밤 12시에 집으로 전화가 걸려왔다. 밤늦게 전화한 사람은 아들이었다. 해병대에서 군 복무를 마치고 대학 3학년 복학해서였다. CCC동아리에서 친구들과 몇 개월간 생활을 함께하며 학교와 취직 공부를 병행하여 육체적, 정신적으로 가장 바쁜 생활을 하고 있을 무렵이었다. 그 와중에 여름방학을 기회로 라오스로 3주가량 동아리친구들과 선교여행까지 다녀오기도 했다. 동아리 중에는 부모님이 예수님을 안 믿어서 여행비를 지원받지 못하는 친구들도 있었던 모양이다. 아들은 그런 친구들과도 함께 떠나기 위해 비용을 후원 받고자 동분서주하기도 했다.

평소 말수가 별로 없는 아들이었다. 말 보따리가 풀리는 날에는 말을 많이 하지만 별다른 주제 거리가 없으면 단답형으로 대화를 했다. 카톡 물음에도 대답은 기껏 'ㅇㅇㅇ'(알았어)가 아니면, 'ㅇㅋ'(오케이)가 끝이다.

언젠가 내게 직접 말을 못하고 전화로 좋아하는 사람이 생겼다고 슬쩍 내비쳤었다. 예쁘고 성격도 좋다며 엄마 맘에도 들 거라고 했었다. 하지만 CCC동아리에서 만난 그녀에게 좋아한다고 고백할 용기를 내지 못하는 것 같았다. 나는 그때 아들에게 말해 줬다. 선교여행지에 가서 많이 기도하며 생각하여 결정하라고. 아마 선교여행을 마치고 돌아올 무렵에는 용기가 생길 것이라고 말까지 덧붙였다.

그러니까, 전화가 걸려온 날은 외국을 다녀온 그 다음 날밤이었다. 느닷없이 전화를 해놓고는 불쑥 "엄마! 나 했어."라고 말했다. 뭘? 이라고 물어보려는 순간, 혹시? 라고 생각했는데, 역시 "고백했어."라고 하는 것이 아닌가! 그녀에게 사랑을 고백했다고 전화로 귀띔을 한 것이다.

선교여행을 다녀온 보람이 있던 걸까? 아들의 성격으로 보아 큰 용기를 낸 것 같았다. 다행히도 거절당하지 않고 일단 서로 사귀어 보기로 약속을 했다는 것이다. 아들이 내게 먼저 말을 해줘서 무척 고마웠다. 잘 되기를 바라는 마음으로 축하해주며 그 용기로 계속 잘 해보라고 말하고 전화를 끊었다.

  어릴 적부터 마음이 여린 아들이었다. 7살이었든가, 어느 겨울날 백화점에 다녀왔던 일이 떠오른다. 백화점 앞 지하도의 올라오는 계단에서 웬 할머니가 검정 비닐종이를 앞에 놓고 차가운 비닥에 앉아 있었다. 우리는 동전 몇 닢을 넣어주고 지나갔다. 아들은 한동안 말이 없더니, 갑자기 '아까 백화점 앞에 앉아있던 할머니에게는 왜? 아빠와 같은 아들이 없냐?'고 차안에서 물었다. 아빠가 할아버지 할머니의 보호자라는 것을 말해주지 않아도 느낌으로 아는 모양이었다. 그래서 나는 우리 집과 다른 어떤 사정이 있을 거라고 여러 가지의 경우를 설명해 주었다. 그랬더니 머리를 끄덕끄덕 이해하는 듯 했다. 그랬는데, 그날 밤 깜깜한 아들 방의 이불속에서 훌쩍훌쩍 우는 소리가 들렸다. 깜짝 놀라서 달려가 왜 울고 있냐고 물었더니, 아까 그 할머니가 너무 불쌍해서 자꾸 생각이 난다는 것이었다. 그리고는 아까 봤을 때 옷을 너무 얇게 입고 있어서 추울 것 같고, 저녁밥은 어디서 먹고, 밤에 잠은 어디서 자는지, 그 할머니의 아들이 데리러 오는지를 걱정하고 있었다. 그러면서 내일 엄마가 돈 좀 갖다 주고, 아파트도 하나 사주고, 엄마가 입은 무스탕 외투도 그 할머니께 주면 안 되느냐고 했다. 사정이 있겠지만 할머니도 이 밤엔 집에 들어가서 따뜻하게 잘 거라고 아이를 달래며 잠을 재웠었다.

 또 다른 일은 초등학교 1학년 때의 일이다. 학부모 모이는 날 담임선생님이 나를 따로 부르더니 부모님이 어떤 분인지 궁금했다고 했다. 용준이가 조금 부족한 반 아이를 눈에 띄게 잘 도와주고 있다며 좋은 성품을 가지고 있다고 칭찬을 아끼지 않았다.

 그리고 가을비가 내리는 날이었다. 수업이 마치고 다른 날보다 훨씬 늦게 우산이 있었는데도 비를 흠뻑 맞고 들어왔다. 나는 깜짝 놀라 왜 우산을 쓰지 않고 비를 다 맞고 왔냐고 물었더니, 이번에는 청소부 할아버지 이야기를 했다. 길가에서 비바람을 맞으며 낙엽을 쓸어 마대에 담는 할아버지가 허리도 구부정했고 너무 힘들어서 금방이라도 쓰러질 것 같았다며 도와드리고 싶었는데 용기가 나질 않아서 그냥 왔다고 시무룩했다. 나무에 달려있는 잎사귀가 훨씬 더 많았다며 걱정이 태산 같았다.

 우리가 사는 아파트는 초등학교와 농협 사이에 있었다. 플라타너스 나무가 네거리까지 길게 늘어서있으며, 바람이 부는 날에는 차도인지 인도인지 분간할 수 없을 정도로 나뭇잎이 수북하게 뒤덮여 나뒹군다.

아이는 우산을 쓰고는 있었지만, 가방과 신발주머니를 들고 마음의 갈등으로 넋을 놓고 서 있었던 모양이다. 서 있는 동안 그 할아버지가 힘들지 않도록 자기가 크면 꼭 낙엽을 쓸어 담는 청소차를 발명하겠다고 다짐을 했단다. 아들의 마음은 따뜻했지만, 나는 너무 여리어지지 않기를 바랐다. 아이는 4학년에 올라가 과학글짓기대회에서 그때를 기억하고 청소하던 할아버지 사연과 길거리 낙엽 쓰는 청소차 발명에 대해 글을 썼다가 대상을 받기도 했다. 세월이 흘러 요즈음은 아들이 발명하겠다고 꿈꾸었던 그 청소 자동차가 도로를 쓸고 다니는 것이 아닌가.

그렇게 마음이 착했던 아이는 어느새 커서 군대를 다녀오고 사랑하는 사람을 만나다니 지나간 세월이 참 빠르고도 잠깐이란 생각이 든다.

자다가 제 방에서 모기 소리만 들려도 베개를 들고 뛰쳐나오는 아들이었는데, 이제는 그녀가 바퀴벌레에 놀라자 잡아줬다는 것이다. 사랑의 효험이 얼마나 대단한지 수십 가지 화학성분이 들어간 '멕스포스'(바퀴벌레 약)보다 강한 힘을 발휘했다. 해병수색대의 빨간 모자를 쓰고 빨간 고무장갑을 낀 채로 나타난 아들에게 바퀴벌레는 공포에

항상 기뻐하라
쉬지말고 기도하라
범사에 감사하라

질려 벌벌 떨었다고 한다.

아들이 사랑하는 사람을 놀라게 하고 쏜살같이 요리조리 도망다니다가 결국 빨간 고무장갑 밑에서 납작 엎드려 죗값을 치르고 말았다니! 얼마나 무서웠으면 문상 나오는 바퀴벌레가 단 한 마리도 없었을까. 소문을 들었는지 그 후부터 죽은 바퀴벌레친족들은 그림자도 얼씬하지 않았단다.

아들의 사랑을 받아준 후 그 사랑은 싹이 트고 꽃을 피우기 시작했다. 그때부터는 바퀴벌레가 아닌 꽃향기에 홀린 꿀벌들이 날아와 창가에 집까지 지어놓고 아우성이었다. 신혼살림의 꿀 떨어지는 달달한 삶을 훔쳐보기 위해 하루 내내 창가에 붙어 떠날 줄 모르고 서로 보겠다고 윙윙거렸다. 꿀벌들의 질투가 성가서서 꿀벌들이 잠든 사이 아늑한 보금자리로 몰래 전입신고까지 했다.

사랑의 결실로 예쁜 찹쌀(태명)꽃을 피워 열매가 맺혔다. 찹쌀이는, '고백 했어' 용기의 결실이다. 아들부부를 닮아 예쁜 찹쌀이를 만나볼 수 있게 되어 가슴 벅차게 기쁘다.

한 여름 밤의 고비

코로나19로 밤거리의 식당들이 텅 비어있다. 한국IMF 외환위기 때 우리가 겪었던 일들이 주마등처럼 스쳐 지나갔다.

그해 여름, 가족끼리 거실에 앉아서 저녁 뉴스를 보며 쉬고 있었다. 그런데 갑자기 남편이 다니는 은행 건물이 TV화면에 비치는 게 아닌가. 어? 하는 순간, A은행 퇴출, 이어 다른 은행들도 함께 퇴출되며 구조조정에 들어간다고 발표를 하는 것이었다. 억! 소리와 함께 남편과 나는 너무 놀라서 손으로 입을 막으며 벌떡 일어났다. 우리는 서로 아무 말도 못하고 눈만 응시한 채 굳어 서 있었다. 세상에나! 어떻게 이런 일이… 심장박동소리가 쿵쾅쿵쾅 미친 듯이 뛰었다. 마른하늘의 날벼락도 유분수지, 전혀 생각지도 않은 일이 벌어진 것이다. 뉴스를 진행하는 앵커는 날벼락에 천둥번개 치는 소리를 해놓고는 바로 다른 뉴스로 넘어가 버렸다. 머릿속은 어지럽고 허망하기 짝이 없었다. 이를 어쩌나! 나는 그대로 폴싹 주저앉았다. 남편은 다니던 은행이 퇴출 대상이 아니라고 했는데, 비슷한 은행을 기자가 혹시 착각해서 오보 된 것은 아닐까? 남편은 얼마나 놀랬는지 얼굴이 창백하고 믿겨지지 않는 표정으로 안절부절 계속 서 있었다. 그때부터 전화벨이 울리기 시작했다. 수화기를 내려놓기가 무섭게 전화가 빗발쳤다. 은행, 시댁, 친정 부모님들과 형제자매 등 지인들까지 밤새도록 전화통에 불이 났다.

남편은 누군가에게 마지막으로 걸려온 전화를 받고 잠깐 나갔다. 밖으로 나간 남편은 밤새 기다려도 들어오지 않았다. 푹푹 찌는 찜통더위에 장마철이었다. 집에서 입는 평상복차림으로 소낙비가 쏟아지는 줄도 모르고 우산도 없이 승용차만 끌고 나갔는데, 어디서 무엇을 하고 있는지 연락이 두절되었다. 그제야 현실로 받아들여졌다.

이튿날 아침 전화가 걸려왔다. 남편이었다. 수화기를 들자마자 툭 한마디. "내 걱정은 말고 아이들과 잘 하고 있어. 아마 며칠은 걸릴 거야."라고 말하더니 곧 바로 전화를 끊었다. 아니! 왜? 라고 내가 물어볼 시간도 주지 않았다. 그냥 그럴 수밖에 없는 상황이거니 하고 생각할 뿐이었다. 아침에 일어난 아이들도 아빠가 보이지 않으니 무척 궁금해 했다. "아빠는? 아빠는?" 하며 계속 물어왔다. 두 아이는 너무 어려서 설명을 해줘도 모르겠지만, 국가의 외환위기 IMF로 인한 아빠의 상황을 설명해 주었다. 아빠는 그 문제 때문에 지금 바빠서 들어오지 못하고 계신 거라고 말해주었더니, 두 아이는 아빠가 불쌍하다며 눈물을 뚝뚝 떨어뜨렸다.

하필 집에 들어오지 못한 그 다음 날은 남편 생일이었다. 아이들과 나는 그의 퇴출 소식을 알기 전에 미리 준비해 놓은 선물이 있었다. 그래서 두 아이는 아빠가 들어오기를 더 기다렸을지도 모른다. 아빠에게 빨리 주고 싶다며 준비한 선물을 가지고 제 방에서 들락날락하며 거실을 서성거렸다. 나는 노란 넥타이와 흰 와이셔츠를 사놓았지만, 과연 이 와이셔츠와 넥타이를 매고 은행을 다시 다닐 수 있을까? 하루에도 몇 번씩 선물을 펼쳐보며 이제나 저제나 들어오기만 기다렸다.

푹푹 찌는 장마철에 입고 나간 상태로 어떻게 버티고 있는 걸까. 에어컨도 성이 차지 않아 선풍기를 바로 코앞에 대고 살 정도로 더위를 많이 타는 사람이라 걱정이 많이 되었다.

오랜만에 바깥으로 나가니 어안이 벙벙하고 눈이 부셨다. 후텁지근하고 뜨끈뜨끈한 공기가 나를 통째로 덮어 눌렀다. 몸과 마음은 무겁지만 아무 일도 없었던 것처럼 느릿느릿 걸어 아파트를 빠져 나갔다. 거리를 지나가는 사람들의 발걸음은 빠르고 가벼워 보였다. 그들의 일상은 아무런 변화가 없는 듯 보였다.

롯데리아 매장 안에서 가족끼리 오붓하게 햄버거를 먹고 있는 모습들. 저 가족의 소소한 모습이 그 어떤 날보다 단란해 보였고 너무나도 부러웠다. 며칠 전까지 만해도 우리 가족도 할 수 있었던 모습이었고, 나도 저들처럼 평화로웠다. 그런데 지금 내 처지를 생각하니 저들과 나는 다른 세계에 사는 느낌이었다.

기가 막히고 비상구도 보이지 않았다. 혼자 터덜터덜 걸어가고 있는 내 모양이 너무나 처량했다. 눈물이 나오려는 것을 참으려고 고개를 들고 하늘을 올려다보았다. 어느덧 비가 그치고 오후에는 반짝 해가 떴다. 공기는 후덥지근하지만 하늘은 맑았다.

나는 심호흡을 길게 했다. 주위 시선을 피해 숨을 들이 쉬고 뱉으며 호흡을 계속하는데 먹먹하고 답답했던 가슴으로 탄산수 같은 산소가 훅 들어오는 것 같았다. 순식간에 들어온 산소는 내 머리부터 발끝까지 휘익 쓸고 지나가며 내 영혼에 새로운 기운을 불어넣고 나가는 것 같았다. 처절해 하는 슬픈 영혼을 사정없이 낚아채가는 것 마냥 시원했다. 그러면서 문득 이런 생각이 들었다. 나와 우리가족의 이 난관을 스쳐지나가는 저 사람들이 알 턱이 없고, 우리가족이 어떻게 된다 해도 별 관심이 없을 것이라는 생각에 정신이 번쩍 차려졌다. 집에서 추레해 있을 아이들의 모습이 떠올랐다. 내가 이러고 있으면 안 되는데.

순간 강하게 힘이 실어져 땅에 닿는 두발의 느낌이 달랐다. 힘을 내어 아이들이 좋아하는 먹거리들로 장을 보기 시작했다. 아이들에 맛있는 저녁을 해주자. 즐겁고 행복하게 해주자. 그리고 웃자. 장보러 가는 길에는 열두 가지 걱정을 했지만, 돌아오는 길에는 단 한 가지 아이들 생각뿐이었다. 아이들도 엄마의 마음이 바뀐 것을 아는지 먹을 것이 많아지자 행복해했다.

일주일이 지나자 남편은 덥수룩한 수염과 쉰내를 풍기며 초췌한 몰골로 집에 돌아왔다. 이제껏 어디서 무엇을 했는지 물어보지 않아도 알 것 같았다. 그리고도 많은 우여곡절이 있었다. 그 후로 직원들과 가족들은 날마다 거리로 뛰쳐나가 시멘트 바닥에 앉아 정부를 향해 데모를 했다. 장마철에 우비를 입고 점심은 빵으로 때워가며 목이 터져라 부르짖었지만 우리의 조건은 무시되고 말았다. 이제 정부의 지침을 따를 수밖에 없는 터. 직원들 중에 삼분의 일 정도만 합병되는 은행에 고용이 되고, 나머지는 그대로 정리해고가 된다는 것이었다. 선택이 될지 말지는 개별적으로 대기하며 전화통보를 받으라고 했다.

모든 심사가 끝나고 드디어 그 날이 되었다. 친정 부모님은 걱정이 되었는지 그날에 사위를 위해 삼계탕과 아이들이 먹을 반찬을 싸가지고 집으로 오셨다. 심란해서 밥도 못 할 줄 알고 딸의 마음을 헤아린 것 같았다. 가져온 음식도 제대로 먹지 못한 채 우리는 초조하게 기다리고 있었다. 그 날 밤 12시가 되어도 전화연락은 오지 않았다. 아버지와 남편은 독한 술 한 병을 모두 비워냈다. 오랫동안 공직에 몸담고 계셨던 친정아버지는 사위가 맨 정신으로는 하루가 너무 길게 느껴지리라는 마음을 알았던 것 같다. 자정을 넘어 1시가 되어도 기다리는 전화가 오지 않자 친정어른들과 우리는 포기하고 있었다. 남편은 담배를 가지고 베란다로 나갔다. 그런데 바로 그때 전화가 걸려온 것이다. 우리는 모두 숨을 죽이고 있었다. 남편은 "예. 예." 라고만 했다. 우리는 짐작으로 알았다. 전화를 끊고 거실 문을 열고 들어오자 남동생은 울고 친정엄마는 눈시울이 빨개지셨다. 친정아버지는 웃음 반 울음 반 표정으로 "이젠 됐다." 하시더니 엄마와 동생을 앞세워 늦은 시간임에도 집으로 가셨다.

남편은 선택이 되었다 하더라도 많은 직원들이 퇴직을 해야 하니, 좋아할 수만은 없었다. 그 많은 사람들의 아픔을 어찌 헤아릴 수 있단 말인가! 주위의 들려오는 안타까운 소식들로 괴로워해야 했고, 한동안 너무나 고통스러웠다.

요즘 코로나로 힘든 소상공인들 가게나 식당 등을 보면, 그때의 내 심정과 같겠다는 생각이 들었다. 처음에는 코로나가 이렇게 팬데믹으로 갈 것이라는 생각을 누가 했겠는가! 곧 종식될 것이라고 믿고 있었는데 이제 1년을 넘겼다. 하루하루 늘어나는 코로나 확진자 뉴스를 접할 때마다 소상공인들의 속은 까맣게 타들어가고, 포기상태로 지쳐서 힘겹게 보내고 있을 자영업자들을 생각하니 하루라도 빨리 이 고비가 지나갔으면 하는 바램뿐이었다. 23년 전 남편을 기다렸던 마음처럼.

/ 21

_____ 얼마나
_____ 아팠을까!

아침뉴스에서 하늘로 떠난 정인이 사연을 들었다. 그 어린아이가 양부모의 폭행과 핍박으로 죽다니! 너무 마음이 아파서 차라리 모르고 넘어갔으면 싶었다. 그런 안타까운 사연을 들으면 가슴에 너무 오래 머물러서, 다른 일을 하지 못 할 정도로 힘들기 때문이다. 나는 인간관계에 있어서도 일일이 따지지 못한다. 말씨름을 잘 못하는 내 성격 탓에 차라리 빨리 포기해야 맘이 편하다. 마음 아픈 그 상태가 싫어서 정인이를 빨리 잊고 싶은데, 자꾸만 더 생각나는 이유가 있다.

며칠 전 12년 동안을 키워왔던 반려토끼가 우리 곁을 떠

살아 있는 모든 피조물을 향한 사랑은
인간의 가장 고결한 특징이다

Darwin

났다. 동물을 키우던 딸에게 많은 기쁨과 사람에게까지 이어지는 사랑을 깨우쳐주고 갔다. 예쁘고 건강하게 살다가 그야말로 기력이 쇠하여서 고통 없이 딸의 품에 안기어 편하게 떠났다. 딸은 숨이 끊어진 토끼를 품에 안고 몇 시간이나 슬퍼하며 마지막 이별을 했다. 그리고 반려동물의 장례절차에 맞게 해서 산에 뿌려 주었다. 지금도 힘없이 축 처져 있는 토끼의 사진을 보면 마음이 뭉클하다. 반려동물로 키웠던 토끼조차 12년 동안 짜증 내지 않고 키웠거늘, 어찌 말도 못하는 어린아이에게 그렇게까지 잔혹하게 할 수가 있었는지 도저히 이해가 안 된다.

8개월~16개월 된 아기는 기어 다니다가 겨우 뭔가를 잡고 간신히 일어나, 한 발 두 발 걸음마를 배워 어느덧 혼자서도 걸을 수 있을 시기이다. 이 무렵 부모들은 아기가 한 발 한 발 내디딜 때마다 '그렇지, 그렇지'를 연호하며 넘어질까 봐 두 팔로 호위하며 장단을 맞춰준다. 세상을 향해 첫 발을 내딛는 순간이라 어쩌면 특별한 의미가 있는 날이기도 해서 그랬던 것 같다. 그 시기의 아기들은 제 마음대로 하려는 성향이 있어 부모는 잠시도 아이에게 눈을 떼고 휴식을 취하기는 아직 어렵다. 손 근육이 성장하는 단계이기도 해서 엄지와 검지를 사용해 눈에 보이는 대로 집어다가 입에 넣기 때문이다.

그런데, 하늘나라로 간 정인이는 이 시기를 어떻게 지냈을까? 첫 걸음마로 양부모에게 과연 박수는 받았을까? 아니었다. 박수는커녕 매 폭탄으로 온몸이 시퍼렇게 멍들어 있었고, 어깨에는 붕대를 감고 있는 모습이었다. 아직 말조차 제대로 못하는 그 어린아이가 무엇을 그렇게도 잘못했기에 무지막지한 폭력을 휘둘렀을까?

손톱에 조그만 상처만나도 따갑고 아픈데, 말 못하는 그 어린아이는 얼마나 아팠을까? 잠시라도 눈을 떼어서는 안 되는 그 시기에 작은아이를 혼자 팽개쳐두기도 하며 큰아이 다루듯 했던 것 같았다. 입양 전과 후에 확연히 다른 얼굴표정 사진만 봐도 한눈에 알 수 있다. 정인이는 오랜 기간 극도의 폭력과 학대에 시달린 사람에게 나타나는 증상 '학습된 절망'이라는 심리로 자포자기상태에 빠져 있다고 했다. 체념상태로 16개월만 살고 하늘나라로 간 아이. 정인이가 본 세상은 과연 어떤 곳이었을까?

아이를 키우다 보면 두 부모가 모두 회초리를 드는 가정은 좀 드물다. 둘 중 한사람이 회초리 드는 역을 맡으면 한 사람은 사랑으로 감싸 안아주는 것이 일반적이거늘, 도대체 정인이 양부모는 둘 다 똑같았단 말인가? 둘 중 한 사람이라도 말렸더라면 정인이가 저 지경까지는 가지 않았을 텐데, 정말 너무 안타깝다. 키울 자신도 없으면서 아이는 왜 입양을 했는지? 그 몇 개월 간 정인이 양부모집에는 어떤 악마가 따라 붙었기에 저렇게 끔찍한 일이 벌어졌을까?

잘못된 선택으로 예쁘게 생긴 정인이를 하늘나라로 보내고, 그 집은 영원히 씻지 못 할 재앙으로 덮여버린 셈이다. 길고양이에게도 함부로 했다가는 처벌받는 세상이다. 그 어떤 변명도 용납하기가 어렵다.

딸이 토끼에게 너무 많은 정성과 애정을 쏟는 모습을 보며, 나는 한편으로 이런 생각조차 했었다. '차라리 저 시간과 사랑을 사람에게 쏟는다면 더 할 나위가 없겠네.'라고. 그래서 가끔 지나가는 말로 딸에게 내 생각을 에둘러 표현하기도 했었다. 딸은 그럴 때마다 '엄마 말은 충분히 이해하지만 그것과 다른 것이 있다'며 말도 못 꺼내게 했다.

그러던 어느 날 딸은 말했다.

"엄마, 나 자원봉사를 해야 하는데 기왕이면 〈성가정 입양원〉에서 아기들 돌봄 해볼까? 라고 해서 나는 바로 "그럼 좋지. 토끼도 키우는데."라며 허락을 했다. 그래서 딸은 그곳에서 1년 미만 되는 아기를 수개월 동안 주말에 한두 번씩 돌봄을 한 적이 있다. 가자마자 아기들을 보면 아기들의 눈망울에는 항상 눈물이 고여 있었다는 것이다. 아기들은 딸을 보자마자 두 팔을 뻗고 서로 안아 달라고 울기 시작했고, 크게 우는 아기를 먼저 달래기 위해 안아주면 바로 울음을 뚝 그치고 코알라처럼 가슴에 푹 안긴다고 했다. 그리고 바로 딸 품안에서 잠이 든단다. 그러고 있는 사이에 다른 아기는 자기를 안아 달라고 계속 두 팔을 뻗고 크게 운다고 한다. 그럴 때마다 아기 눈에서는 닭똥 같은 눈물이 흘러내린다고. 그렇게도 엄마의 품을 그리워하는 아기들. 20분씩 교대로 안아주고 내려놓으려면 딸 어깨를 꼭 잡고 떨어지기 싫어 다시 울음을 터트린다고 한다.

 그런 이야기를 들을 때마다 칼로 베이는 듯 가슴이 아팠다. 딸이 〈입양원〉에 봉사를 다녀오는 날이면, "엄마, 아기들이 너무나 불쌍해."라고 말했던 기억이 겹치며 정인이 생각을 더하게 한다.

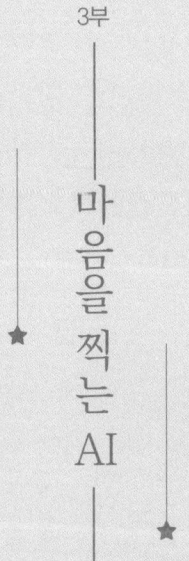

3부

마음을 찍는 AI

갈팡질팡 오염된 세상

첫눈이 오면 만나자고 약속한 사람이 있었다. 그래서 함박눈을 상상하며 기다리고 있었는데, 올해 첫눈은 실망스럽다. 너풀너풀 날아다니며 허공에만 떠돌다 사라진다. 미세먼지와 자동차 매연, 프라스틱 용품과 각종 쓰레기냄새 따위에 뒤덮인 지구의 오염된 땅을 감지라도 한 것인가? 아니면 지구 알레르기라도 생긴 건가? 먼저 땅에 닿은 눈발들도 바람이 일 때마다 이리저리 몰려다니며 우왕좌왕 다시 날아오르려 뒹굴고 있다. 그런 처연한 첫눈을 바라보고 있노라니 나까지 심란해진다.

환갑이 지난 이 나이에도 첫눈을 바라보는 내 마음이 어릴 때처럼 설렌다. 흰 눈이 펄펄 내리는 날이면 멍멍이처럼 밖으로 나가 두 팔을 벌리고 팔짝팔짝 뛰어 다녔던 기억이 난다. 하늘을 향해 가는 목을 젖히면 끝없는 하늘에서 쏟아지는 눈들이 한눈에 들어왔다. 그런 날이면 입 꼬리가 찢어져도 아픈 줄도 모르고 입을 크게 벌리고 혓바닥에 살포시 내려앉는 눈을 날름날름 받아먹었다.

그 시절에는 일기예보에 미세먼지 농도 따위는 나오지도 않았었다. 그래서 땅에 쌓인 깨끗한 눈을 두 손으로 꼭꼭 뭉쳐서 먹었다. 기와집과 스레이트 지붕에 매달린 고드름이나 담벼락에 붙은 고드름도 따서 먹었다. 먹다가 싫증이 나면 내버리고 나란히 매달린 것 중에 맘에 드는 것으로 골라 따먹는 재미가 있었다. 과일젤리처럼 서로 다른 맛도 아닐 테지만 그때는 그런 느낌으로 먹었다. 그때는 눈이 온다고 우산을 쓰는 일은 드물었다. 머리든 어깨든 툭툭 털면 그만이었다. 그러나 요즘은 눈을 맞는다는 것은 미세먼지를 뒤집어쓰는 것과도 같다. 탈모 걱정이 앞서고, 옷은 바로 드라이클리닝을 해야 한다. 눈 맞은 자동차의 얼룩이 그것을 증명해 준다.

며칠 전에도 창밖은 금방이라도 눈이 올 것만 같았다. 남편도 '눈이 올 날씨인데' 하며 혼잣말로 중얼거렸다.

하지만 그런 날에 일기예보를 보면 틀림없이 미세먼지가 '매우 나쁨'으로 떠있다. "예전에는 이런 날이면 눈이 오던 데 이게 다 미세먼지라니 앞으로가 더 걱정이 된다."며 혼 잣말을 이어갔다. 그런 날 실내 환기를 하려고 창문을 열면 오히려 오염된 바깥공기가 놀랍다. 거실에 있는 공기청정기가 파란색이었던 것이 곧바로 숫자가 올라가며 붉은색으로 바뀐다. 눈이 오려는 것이 아니라, 온전히 미세먼지 때문이었다.

언젠가 아이들의 환경 그림대회에서 우수작품이 인터넷 기사에 실린 것을 보았다. 지구는 온통 쓰레기로 도배되어 있었고, 감기에 걸려 코 흘리며 기침하는 지구, 코로나로 지구 전체를 마스크로 둘러놓은 지구.

어린 아이들에게 있어서 지구는 병들고 쓰레기에 쌓여 죽어가는 지구로 인식되어있었다. 하얀 눈사람, 초가지붕과 장독대 위의 소복이 쌓인 깨끗한 눈, 조그만 산길에 하얀 발자국, 농가의 하얀 들판이 모두 오염된 황갈색 눈이라고 생각만 해도 끔찍스럽다. 그림 중에 하얀 눈이 아닌 오염 된 황갈색 눈이 내리는 것을 그린 그림도 보였기 때문이다.

창문 밖에 눈은 아직도 너풀거리고 있으니 첫눈이 아니

라고 우기는 사람과 오늘 만나야 하나, 말아야 하나? 갈 팡질팡하고 있다.

  날마다 쏟아져 나오는 뉴스들도 어디까지가 진실인지 아닌지? 믿어야 하나, 말아야 하나? 〈영끌족〉이라는 단어까지 나오게 하면서 그들은 당장 집을 사야하나, 말아야 하나? 가족과도 거리두기를 해야 한다니 설 명절에 시댁을 가야하나, 말아야 하나? 집에만 있다가 1년 만에 추억이 있어 꼭 가보고 싶었던 카페에 한 시간 걸려 찾아갔지만 매장 안에서는 차를 못 마시게 하니, 테이크아웃이라도 해야 하나, 말아야 하나? 지구를 병들게 하는 원인이 지구의 인구수가 너무 많아서 그렇다면서 아기는 자꾸 많이 낳으라고 하니. 종잡을 수 없이 모든 게 갈팡질팡한다. 세상 돌아가는 정치, 경제, 사회, 부동산, 코로나방역, 마스크, 백신까지도 모두 이랬다 저랬다 갈팡질팡하는 세상이다.

마음을 찍는 AI

 우리의 아침식사는 거의 토종밥상이다. 국과 밥을 선택 아닌 필수로 먹는다. 남편이 오랜만에 "프렌치토스트나 먹어볼까?" 하여 샐러드와 곁들여 만들어 주고 나니 빵 끄트머리 한 장이 남았다. 남은 한 장을 놔둬 봐야 버리게 될 것 같아 당기지는 않았지만 진한 아메리카노 커피와 먹어 치웠다. 그런데 남편이 출근을 하고 조금 지나자 갑자기 구토증상과 함께 몹시 어지러웠다. 안방에 눕자마자 회전목마를 탄 것처럼 천장이 빙글빙글 돌았다. 눈을 감고 안정을 취하려 해도 내 의지대로 되지 않았다. 순간 방정맞은 생각마저 들었다. 억지로 정신을 차려 핸드폰을 들고 남편에게 전화를 하려다가 구토를 시도했다. 소화제를 먹고 일단 응급처치를 하고나니 한결 나아지는 것 같았다.

그냥 맥없이 누워있는데 마침 결혼한 딸에게서 전화가 왔다. 나는 힘없이 아침부터 있었던 일을 모두 딸에게 말했다. '큰일 날 뻔했네.'하고 걱정을 해줄 줄 알았던 딸은 "엄마는 그렇게 일찍은 빵도 커피도 잘 안 먹잖아? 평소에는 부드러운 카페라떼 좋아하면서 왠 아메리카노를?" 되레 핀잔부터 했다.

"엄마를 가만히 보면 배가 고프지 않아도 우리가 식사든지 간식이든지 먹으면 옆에 앉아 꼭 따라서 먹더라. 딸이 없으니 엉망이군."이라고 더 보탰다. 그리고는 앞으로 음식을 배가 고플 때만 먹으라고 충고를 하며 잔소리를 이어갔다. 평소에는 위로도 잘 해주고 내게 중심을 잘 잡아주는 딸이었는데, 오늘따라 위로는커녕 쓴 소리만 했다. 틀린 말은 아니지만, 괜히 멀리 사는 딸한테 말을 했나 싶어 후회를 했다.

사실 나는 천연소화제를 입에 달고 산다. 젊어서부터 위장이 예민해서 조금만 과식하거나 매운 음식을 먹으면 소화제를 당연히 먹게 된다. 오늘도 빵을 먹고 싶은 마음이 없었음에도 불구하고 남편 앞에 앉아 미련하게 빵 한 조각 먹은 것이 화근이 되어 하루 종일 꼼짝 못하고 셀프 환자가 되어 이런저런 생각에 사로잡혔다. 건강검진을 받으려고 병원에 가면 신장과 몸무게는 기본이고 버튼만 누르면 팔, 다리 근육량과 뼈의 골밀도 등이 측정되어 자세하게 찍혀 나온다. 몸이 아프면 병원에 가서 처방을 받고 약을 먹고 치료하면 낫는다지만, 마음의 병은 무엇으로 진단해야 알 수 있을까? 신체를 건강검진 하듯 정신도 건강검진을 하는 AI가 있다면 어떨까? 요즘 TV뉴스를 보면 정말 이상한 사람들이 많다. 상상도 못해 본 범죄와 어떻게 저런 일을 저지를 수 있을까 하는 사건들이 너무 많이 벌어지고 있다. 강남 화장실사건이 있고 나서 영화 〈곡성〉을 보고 온 날 이었다. 혼자 운동 삼아 한적한 곳을 걷기 위해 나갔다가 자동차 트렁크가 열려 있는 것을 보고 기겁을 하고 놀라서 달려 내려왔다. 꿈을 꿀 때처럼 발이 안 떨어지면 어쩌나하고 겁먹었던 일이 생각난다. 그런 사건들의 뉴스를 접할 때는 밖에 나가기조차 두렵다.

걸핏하면 갑질하며 화를 잘 내어 상대를 곤혹스럽게 하는 사람들이 있다. 그리고는 미안해선지 바로 아첨하듯 그 순간을 모면하려고 한다.

착한 사람들은 알면서도 넘어가 주지만, 이미 상대의 마음에 상처로 남게 된다. 본인은 할 말을 다해버려서 속은 시원할지 모르지만, 관계 속에서 오래가기는 어렵다.

가끔 그런 생각을 한다. 우리 인간이 흙으로 만들어졌기에 수많은 미생물이 작용하여 벌레 같은 해악한 성질(갑질, 욕심, 이기심, 교만, 미움, 질투, 분노 따위의)이 시시때때로 생겨나는 것은 아닐까? 하고.

우리 눈에 보이지는 않지만 흙 1g속에는 무려 3천만 마리가 넘는 미생물들이 왕성하게 생명 활동을 한다고 한다. 그 중에는 좋은 미생물만 있는 것이 아니라 나쁜 미생물도 많기에 토양에 씨앗을 심기 전에 토양살균제를 뿌리지 않으면 땅속부터 병이 나고, 잎이 나온 후에도 수차례 소독을 하지 않으면 온전한 식물을 먹기 힘들다.

그러니 우리의 마음은 무슨 약으로 얼마나 소독을 해야 제대로 된 인간으로 살아갈 수 있을까? 하나의 알약이 아닌 매일매일 살포하듯 해야 하는 것은 아닐지. 마음 안에 가지고 있는 해악함을 정확히 알려주는 AI. 누구에게나 마음속의 선·악이나 갑·을이 공존하겠지만 악과 갑만을 정확히 잡아내어 치료하면 무섭고 악질적인 범죄가 예방되지 않을까?

나의 조세주 上편

 남편은 기차소리가 들리는 역 앞 길가 집에서 태어났다. 읍내의 역 앞이라서 하루 종일 오고가는 사람들이 많았다. 바로 집 앞에는 '청나리'(시골동네이름) 방향으로 가는 합승버스 정류장이 있었다. 버스가 시간제로 있었기 때문에 시골에서 장을 보러 나온 사람들이 버스를 기다리느라 항상 북적거렸다. 그의 부모님의 고향이 '청나리'라서 그 중에는 아는 사람도 많았다.

 그의 부모님은 신혼을 그 집에서 시작했던 것이다. 작은 가게에서 쌀장사와 국수를 빼서 파는 일을 했다. 그래서 청나리 가는 버스를 기다리는 고향 사람들에게 국수를 삶아 허기를 채워주는 일도 허다했다.

 가난했던 시절이라서 국수 한 그릇은 참 고맙고 좋은 일이었나 보다. 그때의 고마움을 잊지 못한 사람들. 지금까지도 봄이면 옻순, 두릅, 머위나물 등을 가져다주고 가을에도 마늘이나 무 등 계절에 나는 각종 채소를 잊지 않고 챙겨주는 사람들이 있다.

 한여름에는 가게 옆 마당에 항상 큰 고무다라에 물을 담아 내 놓았다. 오후가 되어 뜨거운 태양빛에 물이 데워지면 그 고무다라 안에 아이를 앉혀 놓게 하고 일을 했다. 돼지코를 소금물에 삶아 햇빛에 말려 두었다가 코에 끈을 끼워 아이 목에 걸어주면 아이는 하루 종일 찝찔한 돼지코를 빨아 먹으며 보채지도 않고 잘 놀았다.

 동네 아는 사람들이 그 앞을 지나가다 물에서 놀고 있는 아이를 데려다가 한참씩 봐주기도 했다.

 서너 살이 되면서부터는 가게 옆에 탁아소에 다녔다. 너무 착하고 순해서 크리스마스 때 역할극에서는 턱에 수염을 달고 항상 할아버지 배역을 도맡아 했다. 초등학교를 다닐 때도 부모님은 장사일이 바빠서 특별히 보살피지 못했다. 하지만 그의 부모님은 그 아이가 커서 은행원이 되길 원해 어릴 때부터 주산학원 만은 보냈다. 옆집에 법무사네 집 큰아들이 은행에 다니는 것이 너무 좋아 보여서 그런 아들로 키우고 싶었던 것이다. 그 아이는 어느덧 중학생이 되었다. 중학생이 되어서도 주산학원은 빠지지 않고 계속 다녔다. 주산 전국대회 나가서 우수상도 여러 번 탔다. 주산이 6단이었다니 꽤나 끈기가 있었던 것 같다.

그의 부모님은 그때쯤 국수집과 쌀가게를 그만 두고 작게나마 슈퍼로 업종을 바꾸었다. 그 아이는 커서 가게물건이 떨어지면 자전거를 타고 도매점에 가서 아버지 심부름으로 물건을 떼어 오기도 했다. 공부를 하다가도 부모님이 부르면 벌떡 일어나 부모님을 잘 돕는 그런 착한 청소년이 되었다. 부모님이 무척 엄격하여 질풍노도의 시기에도 감히 딴 생각은 하지 못했다. 밑으로는 줄줄이 동생들이 다섯 명이나 있었지만, 잦은 심부름부터 바쁜 어머니의 집안일까지도 맡아 했다.

주말에는 아버지가 하는 일을 도와 집도 고치고, 창고를 짓는 일까지 모두 아버지와 함께 했다. 아버지가 일 하는데 방 안에서 공부하기가 오히려 그를 불안하게 했다. 항상 집에는 할 일이 많아 공부 할 시간이 그리 많지는 않았다.

하루는 리어커를 끌고 오다가 역전 근처의 태극당 빵집

앞을 지나치게 되었다. 유리 안에 진열된 노릇노릇하게 잘 구워진 빵들을 곁눈질로 힐끗 훔쳐보았다. 테이블에 위에 놓인 병우유와 포크로 단팥빵을 꾹 눌러 먹는 모습도 눈에 들어왔다. 침을 꿀꺽 삼키며 못 본척하고 리어커를 끌고 허리 숙여 걸어오는 자신이 참으로 처량했단다. 고소한 우유와 빵을 먹는 그 모습이 얼마나 부러웠던지 또 얼마나 먹고 싶었던지 며칠 동안 잔상으로 남았지만, 부모님에게 빵을 사달라고 말을 못하는 그런 착하디착한 청소년이었다.

그는 주산과 암산을 잘 한다는 이유로 시골에서 대전에 있는 상업고등학교 특기생으로 진학하게 되었다. 하지만 약간의 갈등을 겪으며 주산과 암산을 줄이고 대학입시 공부를 준비하여 대학을 가게 되었다. 장학금도 받을 정도로 공부를 열심히 해서 학교 추천서를 받아 부모님이 원하던 은행에 시험을 보고 합격하게 되었다. IMF때는 다니던 은행이 퇴출이 되면서, 합병된 은행 지점장으로 발령을 받게 되었다.

그때 그 사람 나이는 서른여덟이었으니 꽤 어린 나이였다. 말수가 별로 없는 그가 지점장 직을 잘 감당할 수 있을까! 또 적성에는 잘 맞을까! 모든 것이 염려스러워 나는 숨죽여 기도를 했다.

  한 사람에 대한 이런 이야기는, 그이와 몇 십 년을 살면서 인연이 된 여러 사람에게 듣고 차츰 확인할 수 있었던 것이다.

  딸은 제 아빠의 생일날만 되면 케이크가 아닌, 단팥빵을 쌓아 올려 촛불을 켠다.

고마운 당신 · 감사한 아빠 ★

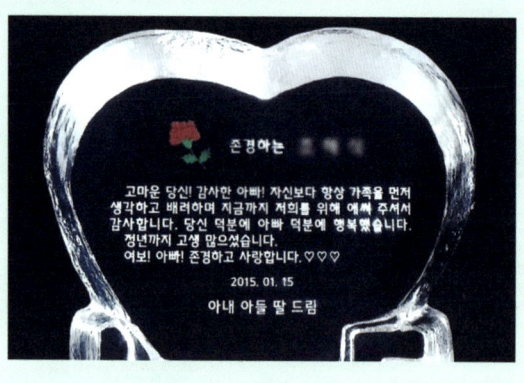

나의 조세주 下편

    IMF시절 발령을 받은 A은행은 시장 안쪽에 있었다. 길은 좁고 주차시설도 열악한 구시가지에 낡은 건물로 폐쇄될 수도 있다는 소문이 돌고 있었다. 하지만 통보를 기다리고 있기 보다는 은행지점을 살리기 위해 최선을 다했다. 결정된 사항은 아니기 때문에 신시가지로 이전을 목적으로 건물을 물색하기 시작했다. 하지만 마땅한 신축 건물은 없었다. 그러다 큰 도로로 진입하는 곳에 은행을 지을 만한 땅을 찾았다. 땅 주인은 그 읍의 유지이자 마침 은행 거래처라서 접근하기는 어렵지는 않았다. 그는 그때부터 땅 주인을 찾아가 한 달 동안 설득한 우여곡절 끝에 그곳에 건물을 지어 지금의 A은행이 재탄생 되었다. 그때 그는 은행원인지 건축가인지…. 준공까지 골치 아픈 일도 많았고 신경을 많이 써야만 했다.

구 건물에서 신축 건물로 이전하기 한 달 전부터는 주말이면 직원들과 함께 나가 전단지를 돌리며 홍보를 시작했다. 휴일도 없이 일하는 남편과 직원들을 위로하기 위해 나도 따라 나섰다. 자동차가 없는 직원들은 읍내에서 가두 캠페인을 하며 홍보를 하고, 그이와 나는 자동차로 움직여야 하는 읍에서 좀 떨어진 면 단위 쪽으로 다녔다. 길이 좁아 자동차로는 마을 안까지 들어갈 수가 없어 마을 입구에 주차를 해놓고 걸어 다녀야 했다.

그날은 유난히 춥고 날씨도 스산하며 바람이 몹시 불었다. 눈보라까지 사정없이 휘몰아쳐서 얼굴을 마구 때렸다. 마을에는 돌아다니는 사람은커녕 삭막하고 적막감마저 들었다. 시골 싸리문에는 초인종이 있을 리 없고, 동네 한 바퀴를 돌아봐야 고층 아파트 한 라인도 채 되지 않았다. 거기다 흙길이다 보니 눈이 녹아서 질퍽거려 요리조리 갓길로 피해 다녀야 했다. 집을 지키는 개가 초인종을 대신해서 짖어대도 나와 보는 사람은 없었다. 사람을 만나러 온 것이 아니라 마당의 개를 만나러 온 느낌이었다. 도

대체 이 추운 겨울 날 집주인들은 모두 어디로 출타를 했는지 빈집에 멍멍이만 사는 마을 같았다.

둘이서 동네를 오르락내리락 하는 동안 한 마리의 멍멍이가 짖으면 이집 저집 멍멍이들이 따라 짖어 온 동네가 시끌벅적했다. 매어놓은 줄을 끊고 뛰쳐나와 물기라도 할까봐 마음을 졸이며 다녔다. 그럼에도 불구하고 싸리문에 전단지를 꽂아두며 전단지가 날아가지 못하게 몇 번씩 꼭꼭 눌러 놓았다.

작은 멍멍이들은 사람이 그리웠는지 꼬리를 살랑살랑 흔들며 발에 밟힐 정도로 앞뒤로 계속 따라 붙었다. 흙이 묻은 앞발로 내 부츠를 밟지를 않나, 바지 아랫단에 코를 비비며 우리가 걸어다니는 내내 졸랑졸랑 하며 어미에게 돌아갈 생각을 안했다.

어른 한 분이 뒷짐을 짓고 걸어왔다. 그이는 쫓아가서 진지하게 "안녕하세요? A은행 아시죠?" 하며 은행 이전소식을 알렸다. 이전하는 날에 선물도 드리니 꼭 한번 왕래해 달라며 친절하게 말했다. 동네에 왜 사람들이 보이지 않느냐고 묻자 우리를 경로당으로 안내했다.

집 마당에 멍멍이만 있는 이유를 그제야 알았다. 동네 어른들은 모두 그 곳에 있었다. 우린 그제야 알고 경로당을 찾아다니기로 했다. 바지저고리를 입은 어른들만 있는 걸로 보아 내 눈에는 읍내 은행까지 올 턱이 없어보였다. 나는 경로당 안에까지는 들어갈 생각이 없었다. 밖에서 기다리며 그의 모습을 지켜보니 그저 쓸쓸했다. '영양가도 없는 일을 너무 열심히 하고 있는 것은 아닌가?' 하는 생각조차 들었다. 나는 그이의 마음이 상할까 싶어 조심스럽게 물었다. "그렇게 해서 뭐 효과 있겠어요?" 했더니, "여기는 도시가 아니잖아? 첫 숟가락부터 배부르겠어? 환경에 맞게 최선을 다하면 잘 되겠지 뭐."라고 당연하다는 듯 말했다. 어렸을 적에 주산학원을 한 번도 빠지고 않고 묵묵히 다녔다던 사람다웠다. 나는 은근히 걱정되어 속으로는 한숨도 살짝 나왔다. 어찌되었거나 원래 나 보다는 긍정적인 사람이다 보니 일단 믿어보기로 했다.

겨울이라서 햇빛은 토끼 꼬리만큼 짧았다. 일을 마무리하고 시골 찻집이 눈에 띄어 들어갔다. 흙바닥이 약간 울퉁불퉁했지만 반질반질 길이 나 있었다. 하지만 벽 쪽으로는 원목나무 바닥 위에 테이블이 놓여있어 참 정겨웠다. 황토로 만든 벽난로 안에는 장작불이 활활 타고 있었다. 벽난로 옆에는 라이브 남자 가수가 한쪽 다리를 꼰 채 기타를 치며 추억의 팝송을 부르고 있었다. 한 달의 수고가 눈이 녹 듯 사라지는 것 같았다. 우연히 들어간 찻집에서 이런 횡재를! 보상받는 느낌이었다.

둘은 가장 편안하게 쉴 수 있는 테이블에 앉아 라이브 공연에 빠져들었다.

창밖은 아직 눈보라가 치고 있었다. 넓은 논에는 벼를 벤 자국 사이사이로 눈이 자곡차곡 채워지고 있었다. 소를 앞세워 집으로 향하는 농부아저씨의 모습도 멀찌감치 보였다. 쓸쓸하지만 한산한 겨울 농촌의 모습이었다. 그 순간 내 마음은 하루종일 일하고 저녁여물 먹으러가는 소마냥 행복했고, 되새김질하며 쉬는 소의 숨소리처럼 스르르 피로가 풀렸다.

하지만 그의 머릿속은 나와는 정 반대로 일에 관한 것들로만 꽉 차있는 듯 했다.

그의 복잡한 머릿속은 새로 시작되는 은행을 어떻게 꾸려 나갈 것인가, 은행 이전하는 날 손님은 얼마나 많이 올 것인가, 사은품은 무엇으로 준비해야 하는가, 잠깐이지만 그의 마음을 헤아리기조차 복잡한듯 했다. 나는 이 찻집이 너무 맘에 들었다. 커피향도 좋고, 팝송도 너무 좋았다. 그 외에는 아무런 생각이 없었던 것이다. 함께 앉아 있지만 동상이몽 같았다. 갑자기 그이에게 너무 미안한 맘이 들었다. 내 마음을 들킨 것도 같았다.

 그래서 분위기를 바꾸어 나는 그에게 임명장을 수여했다. 그리고 웃었다.

임명장

내 영혼을 구원해 주신 구세주가 계시다면
평생 철없이 때로는 고장까지 내며 살아도
내 인생을 수리해 주며 살아준 당신을
나의 조세주로 임명함.

1998년 2월 ♡♡일
아내 류경애

멘토링이셨던 아버지

친정집 현관문을 열면
아버지 냄새가 났다.
나를 꼭 안아 주었던 아버지
더 이상 나를 안을 수 없어
내가 안아드려야 했던 아버지
아버지 냄새를 오래도록 맡고 싶었다.

환갑이 지났는데도 자꾸만 아버지 생각이 난다.
어릴 적부터 언니와 나는 아버지를 무척 따르고 좋아했다. 남동생은 나와는 10살 터울이다. 동생들이 태어나기 전에 언니와 나는 부모님의 사랑을 듬뿍 받으며 자랐다.

아침에 학교를 갈 때에도 우리는 언제나 아버지 양손을 꼭 잡고 재잘거리거나 노래를 부르며 다녔다. 아버지는 우리가 다니는 초등학교 정문 앞 길 건너의 문방구 옆 면사무소에서 근무를 했다. 그래서 항상 우리자매를 교문 앞까지 바래다주며 손을 흔들어 주고는 사무실로 갔다.

하지만, 나는 아버지와 헤어진 후에도 쉬는 시간만 되면 사무실로 쪼르륵 달려가는 일이 빈번했다. 어렸던 마음에도 미안한 건 알았던지, 어떤 때는 사무실 창밖에서 폴짝폴짝 뛰다 아버지와 눈이 마주치면 아버지는 곧바로 일손을 멈추고 나왔다. 금방 헤어진 딸인데도 귀찮은 내색 없이 출입문을 열고 반갑게 웃으시던 그 자상한 표정은 지금도 생생하여 잊을 수가 없다.

아버지는 손을 잡고 문방구에서 내가 원하는 것을 사주고 운동장까지 바래주었다. 뛰어가는 내가 사라질 때까지 지켜봐 주고, 어서 들어가라고 손을 흔들며 되돌아가시곤 했다. 아마도 아버지는 우리의 수업과 쉬는 시간까지 모두 알고 계셨던 모양이다. 그래서 언니와 내가 올 것을 알고 창문 바깥을 수시로 보고 계셨을 것이다.

수업을 마치면 으레 동네 친구들이 사무실 마당에서 잠

시 기다려 주는 사이에 아버지와 얼굴도장을 찍고 집으로 가곤했다.

아버지가 퇴근하고 저녁식사 후에 따뜻한 아랫목에 누워 쉬고 계시면, 언니와 나는 아버지 품속을 서로 독차지하려고 실랑이를 펼쳤다. 서로 아버지 품에 안기려고 상대방을 윗목에 끌어다 놓고는 잽싸게 아버지 품으로 달려갔다.

"아버지! 나를 꽉 안아줘. 아버지! 나 놓지 마. 손을 세게 잡아."라고 소리치며 아버지에게서 떨어지지 않으려고 안간힘을 썼다. 우리 자매는 서로를 간지럽히며 아버지에게서 억지로 떼어 질질 끌어내치고는 헉헉거리며 아버지 품으로 달려가 안기기를 반복하며 놀았다. 그러는 우리를 보며 아버지는 언제나 허허허 웃으며 함께 놀아주었다. 그때는 아버지가 우리를 꽉 붙잡고 있었다고 생각했었다. 그런데 그게 아니었다. 아버지가 우리를 안고 차례대로 놔주며 힘 조절을 하고 있었던 것이다.

내가 여섯 살 때에 마을에서 동네노래자랑대회를 한 적이 있었다.

아버지는 내게 "우리 딸이 노래를 잘 하니 나가보자" 하고는 '남인수의 감격시대'를 가르쳐 주었다. 키가 작아서 사과궤짝 위에 올라가서 노래를 부르고 상품으로 쌀과 성냥을 타왔던 기억이 난다. 아버지는 내게 어릴 적부터 어른이 되어서까지 최고로 든든한 백이었다.

  아버지는 그 시절 나에게 요즘 소위 말하는 네이버 선생님이었다. 모르는 용어부터 한문이나 영어는 물론 궁금한 것까지도 아버지한테 물어보면 척척 알려주었다. 그 어떤 어려운 일이라도 아버지 한 분이면 모두 해결이 되었었다.

  결혼을 하여 살 때에도 거의 날마다 전화를 하며 점검하셨다. 밤사이 별일 없었는지? 손자, 손녀는 유치원에 잘 다녀왔는지? 가스 스위치는 잘 잠갔는지? 내가 먼저 매일 전화로 보고해야 아버지는 안심을 했다. 하루는 미처 연락을 못한 채 밖에 나가서 오랜 시간 전화를 받지 못한 적이 있었다. 그런 때에는 아파트관리사무소로 연락을 해서 집에 별일이 없는지 확인을 했다.

  우리 자매는 커가며 단 한 번도 아버지에게 '계집애'라는 소리를 들어본 적이 없다. 남동생들에게도 마찬가지였다. 하지만 직장에서 퇴근하고 친구들과 놀다가 늦게 귀가를 한다거나 할 때면 앉아서 훈계를 들어야 했다. 그때는 아버지의 말씀을 거역한다는 것은 1도 생각지 못했다.

  세월이 흘러갔다. 건강하셨던 아버지는 파킨슨 증후군이라는 진단을 받으며 손 떨림 증세가 시작되었다. 온몸이 서서히 마비가 되어 조금씩 변해가는 아버지의 증상을 조금이라도 늦춰드리기 위해 매일 운동을 함께 했다. 아버지는 공원에서 운동을 하다가 점점 집 마당으로 공간이 좁혀졌다. 3층집이다 보니 오르락내리락 거리는 층계가 불편했다. 그래서 아래층을 맘대로 내려갈 수가 없게 되자, 베란다를 몇 바퀴씩 돌며 운동을 했다. 나중에는 그것마저 힘이 들어서 거실 여기저기에 손잡이를 해놔야만 했다. 점점 말씀이 어눌해지고 흐릿해지는 아버지의 눈동자를 바라볼 때마다 나는 가슴이 미어지듯이 아팠다. 그런 모습을 지켜 볼 때마다 살이 타들어가고 뼈가 녹아 내리 듯 고통스러웠다. 언젠가부터 내게 좋은 일이 생기더라도 기쁘지가 않았다. 엘리베이터의 거울에 비춰진 내 얼굴은 웃음기가 전혀 없고 어두웠다. 내가 가장 존경하고 사랑하는 아버지와 헤어져야 할 시간이 가까워지고 있음이 느껴졌기 때문이다.

사랑하는 아버지!

아버지는 누구의 도움이 없이는 아무것도 못하게 되었다. 평생 공직에서 그 누구에게도 큰소리 한 번 내지 않고 늘 웃음으로 대해 주셨던 아버지였다.

정원과 분재나무 가꾸기를 좋아하셨고 정년퇴직한 후에

는 서예학원을 다니셨다. 입상도 여러 번 하셔서 1점만 더 얻으면 작가가 된다고 했는데, 어느 날 갑자기 중단하게 되었다.

"아버지 사랑해요. 아버지 사랑해요."

어릴 적 아랫목에서 나를 힘껏 끌어안아 주었던 것처럼, 나는 아버지를 꼭 안고 얼굴을 비볐다. 하지만 옛적에 나를 언니에게 끌려가지 않도록 힘껏 안아 주었던 아버지는 나를 안아주지 못했다. 그럴 때마다 눈물이 왈칵 쏟아지려고 하지만, 내가 울어버리면 아버지는 몇 배나 더 마음 아파하실 것 같아 나는 참아야했다. 입술에 힘을 주고 웃었다.

나도 자식을 낳고 키워보니 부모님의 마음을 알게 되었고 철이 들어갔다. 그때부터는 내가 아버지의 보호자가 되었다.

아버지가 늘 내 걱정을 했던 것처럼, 아버지의 건강이 염려되어 하루하루 조마조마하고 걱정이 되었다. 하지만 아버지 앞에서는 그 어떤 일도 두렵지 않게 척척 잘 해나가는 씩씩하고 용감한 딸의 모습으로 보였다.

다행히 같은 도시권에 살아서 아버지를 자주 뵐 수 있었고, 아버지가 좋아하는 것과 맛집의 음식도 자주 사다드릴 수 있었다.

  그럴 때마다 항상 아버지는

"고,마,워."

"맛,있,다."

"얼,렁,집,에,가,라!"

"조,서,방,한,테,잘,히,고."

"용,준,이! 눈,실,이! 공,부,잘,하,도,록,최,선,을,다,해,야,한,다."라고 어눌하게 말씀하셨다. 눈물이 나오도록 아버지가 그리워질 때가 많다.

  내가 그토록 좋아했던 우리아버지! 수천만 번이라도, 아버지 사랑해요~사랑해요.

아버지의 냄새를 _____

오래도록 맡고 싶었다 _____

27 친정 엄마

 엄마는 딸 둘을 낳고 터울이 길어지자 늘 걱정을 하셨다. 내 밑으로 남자 동생을 봐야한다며 나를 앞세워서 뒷산 옹달샘으로 올라가 정성껏 기도를 올렸다. 그런 날은 엄마의 하루가 여느 날과 달랐다. 하루 내내 말 수가 없으셨으니, 새벽부터 기도하는 마음으로 지내셨던 것 같았다.
 한 손으로 머리 위의 떡시루를, 또 한 손은 내 손을 꼭 붙잡고 도랑을 건너 구불구불하게 난 산길로 들어섰다. 산 중턱에 오르면 쫄쫄쫄 물줄기가 우리를 마중 나왔다. 그 물줄기를 따라 조금만 올라가면 자그마한 옹달샘이 보였다. 옹달샘 주변에는 떡시루를 얹혀놓기에 안성맞춤인 납작한 돌들로 쌓여있었다. 살며시 들여다보면 땅바닥에는 가느다란 물줄기가 모래 꽃을 솔솔 피어올리고 있었다.

 엄마는 양초에 촛불을 켜서 떡시루 가운데에 꾹 찔러 놓고 하늘을 우러러보며 두 손을 올려 모아 허리를 굽혔다. 지문이 닳도록 두 손을 비비며 산신령을 불렀다. 엄마는 정성을 다하는 모습이었지만, 산신령은 그 옹달샘에 단골이 아니었던 것 같다. 아니면 날짜가 서로 맞지 않았는지, 옹달샘은 10년 가까운 세월동안 엄마의 기도를 듣기만 할 뿐 산신령에게 낌새조차도 주지 않았다. 모래꽃을 수북하게 피우고 흐트러진 물이 흘러갈 때마다 엄마의 기도도 함께 흘려보냈을까. 모질고도 야속한 옹달샘.

 초저녁부터 목욕재계하고 하얀 저고리로 갈아입고, 산으로 향하셨던 엄마의 그 마음을 어린 내가 어찌 알았겠는가! 내려올 적의 깜깜한 밤길처럼 까맣게 타들어 갔을 엄마의 마음을. 그렇게 애타게 기다렸던 남동생이 태어나기까지의 10년 동안 엄마를 헤아려보자니 그 마음이 얼마나 절절하셨을지 다시 떠올려 봐도 지나간 일이지만 가슴이 저민다.

 동생이 태어나던 날, 시골 지서에서는 '축하 사이렌'까지 울렸다. 아버지가 다니시던 면사무소 앞에 지서가 있었다.

우리집 사정을 동네에서 모르는 사람이 없었다. 엄마가 남동생을 임신했을 기간 중에는 아침에 나가보면 부엌 앞에 농사지은 먹을 것들을 가져다 놓는 일이 허다했다. 안타까워했던 동네 어른들이 첫 번째 수확한 과일, 첫 야채라며 한소쿠리씩 온정을 베풀어 주었던 것이다. 그렇게 태어난 동생 백일잔치에 백사람과 떡을 나누는 일은 쉬웠다. 우리는 그 시골동네 이웃들에게 그런저런 넘치는 인정을 받으며 행복하게 10여년을 넘게 살았다.

아버지가 대전으로 발령이 나며 우리가족은 할머니 댁으로 들어오게 되었다. 엄마의 고생은 그때부터였다. 할머니 댁은 초가집이었지만 굵은 대들보가 받쳐 든 집으로 방들이 많았고 무척 컸다. 넓은 마당 안에는 텃밭도 있었다. 할머니는 여러 가구의 월세를 받으며 살고 계셨다. 원래는 머슴까지 두고 살았던 할머니 댁은 갈수록 가세가 기울어 남은 것이 별로 없다고 들었다. 할아버지는 포도농사를 지으셨는데, 할머니는 여름철이면 항상 수박밭에서 일을 하셨다.

엄마는 어린 남동생을 데리고 살림을 하려니 힘이 들었다. 앉아서 쉴 틈도 없이 일만 하셨다. 어느 순간, 이사 오기 전에 보아왔던 곱디곱던 엄마의 모습은 온데간데없어졌다. 얼굴은 새카맣게 타서 겨울이 지나도 재생될 기미가 보이지 않았다. 머릿수건을 쓰고 마당에서 도리깨질을 하고 콩대로는 불을 땠다. 그런 일을 엄마는 혼자 해냈다. 그뿐만 아니라 해마다 한 번씩 집을 고쳤다. 울타리를 새로 하는 것은 물론이고 이듬해는 초가지붕을 기와지붕으로 고치고, 또 다른 해에는 공터에 집을 지었다. 뒤꼍에 있는 큰 돌덩이들을 앞마당까지 굴리고 돋아 정원을 만들었다. 나무를 사다 심으며 번듯한 집으로 가꾸었다. 엄마의 억척은 아무도 못 말렸다.

  수도가 없던 시절이라, 물은 길어다 독에 채워 놓고 사용할 때였다. 틈나는 대로 여러 항아리에 물이 가득가득 채워놓아야 직성이 풀리는 엄마였다. 어느 해인가 우리 동네에도 수도공사 신청을 받았다. 하지만 우리 집은 무슨 사정이 있었는지 1차에 못하고, 그 다음해에 수도를 놓게 되었다. 윗집에서 1년 동안을 고무호스로 연결해서 물을 받아먹었다. 여러 집이 그 집의 수도로 해결해야 하니, 차례를 기다렸다가 물을 채워야 했던 것이다. 고무호스가 얼면 뜨거운 물로 녹인 다음에 받아야 했고, 호스에 구멍이 나면 테이프를 붙이고 헝겊으로 꼭꼭 동여매서 사용했다. 겨울 늦은 밤에 밖에 나가보니, 엄마는 행여 수돗물이 넘칠까봐 물통 앞에 쪼그려 앉아 졸고 있었다. 하루 내내 일에 지쳤던 엄마가 그토록 늦은 밤까지 그러고 계셨던 모습이 왜 그렇게 잊혀 지지 않는지 모르겠다.

기억이 자꾸만 기억을 불러낸다. 아궁이 다섯 개의 연탄들을 번갈아가며 갈아줘야 했다. 깜박 시간을 놓쳐 연탄불이 꺼지면 춥다고 아우성이었다. 그럴 때마다 엄마 잘못이 아니었는데도 모두 엄마에게 화살이 꽂히면 미안해하셨다. 거기다가 할머니를 98세까지 모셨다. 끼니마다 밥상을 차려들이고 수발했던 것이다. 지금 생각해 보면 정말 끔찍한 일이었다. 그래서 물론 효부상도 받았다. 하지만 엄마 몸은 골병이 들어 안 아픈 곳이 없게 되었다.

늙은 엄마에게 의사선생님은 "왜 그렇게 소처럼 일만 하셨어요?"라고 했을 때, 나는 엄마한테 너무 미안해서 엉엉 울고 싶었다.

"엄마! 미안해. 너무 미안해."

하지만 엄마는 "나는 일이 재미있었다."라고 하시며 "이렇게 될 줄 몰랐지."라며 지그시 눈을 내리셨다. 그토록 힘들었던 말씀을 왜 삼키셨을까. 허리가 너무 아파서 나중에는 독한 진통제를 드셔야 했다. 참는 것에는 이골이 나셨던 엄마! 차츰차츰 거동이 느릿해지고 지팡이를 짚고 걸으시며 힘겨워서 침대에 앉아 계시는 시간이 갈수록 많아졌다. 나중에는 내가 문을 열고 들어가도 현관까지 나오지 못하셨다.

친정집의 현관문을 열면, "경애냐?" 하며 반갑게 나오시던 그리운 엄마의 목소리.

고향마을의 시냇물

나의 고향이자 내 마음의 '베네치아'인 바구니 마을.

마을 한 가운데로 길게 흐르는 맑은 시냇물 바닥은 색색별 크고 작은 돌멩이가 자르르 깔려 있었다. 우리 집은 둔덕에 지어져 있었고, 뜨락과 시냇물은 대여섯 계단의 돌층계로 이어져있었다. 산을 휘돌아 내려온 시냇물은 가장 먼저 우리 집 앞을 지나갔다.

아침의 해님도 항상 우리 집부터 찾아왔다. 도랑을 중심으로 우리 집은 첫 번째 남향집이었다. 어김없이 붉고 밝은 해님은 기척도 없이 내방의 문창살 사이 찢어진 종이를 뚫고 들어와 나를 깨웠다. 나는 해님을 끌어안고 뒤척이며 게으름을 피워보지만, 돌 모퉁이를 부딪치며 졸졸졸 흘러가는 시냇물소리가 질투를 하며 마구 흔들었다. 그런 자연의 두 친구 때문에 내 방은 항상 소란했다.

일어나자마자 마루로 나오면, 엄마 얼굴도 보기도 전에 시냇물이 먼저 내려오라고 손짓했다. 눈을 뜨면 보이는 것이 시냇물이었기에 아주 어릴 때부터 하루 종일 시냇물 속에서 돌멩이를 빨아 먹으며 놀았다고 한다. 그러니 나와 가장 친한 친구였던 셈이다. 시냇물에서 노는 나를 집안으로 데리고 들어가려면 아주 애를 먹었다는 것이다.

어느 날 엄마가 볼일이 있어서 집으로 잠깐 들어간 사이에 시냇물에서 놀고 있었던 내가 감쪽같이 사라졌다는 것이다. 엄마는 정신없이 이리저리 찾고 있었는데, 바로 그때 아버지가 나를 안고 오셨다는 것이다. 속옷만 입은 어린 아이가 돌멩이를 양손에 하나씩을 들고 아버지의 사무실을 혼자서 찾아 갔더란다.

아버지가 다녔던 면사무소는 우리 집 반대편 쪽으로 골목을 따라 조금만 올라가면 나왔다. 앞에는 초등학교가 있고 바로 아래에 바구니 면사무소가 있었다. 어른 걸음으로 가까운 거리였지만 어린애가 아버지를 찾아간 것에 모두 놀랐다고 했다. 그날밤 엄마는 나 때문에 괜스레 아버지한테 적지 않게 나무람을 들었다는 것이다. 나는 날마다 그렇게 물속에서만 놀아서 항상 손과 발이 퉁퉁 불어 있었단다.

시냇물은 마을 한 가운데를 가로질러 흐르다가 빨래터를 지나서, 초등학교 우리 반 영희네 거위 두 마리에게 물도 먹이고 유유히 흘러갔다. 그중에 한 줄기 시냇물은 미나리꽝으로 흘러들어갔다.

바구니 버스정류장 아래에서는 헤엄치는 아이들과 한참을 머물러 있다가 신탄진 강으로 흘러들어갔다. 여름에 활기찼던 시냇물은, 겨울이면 꽁꽁 얼어 빙판으로 변하고 여름에 수영하고 놀던 아이들은 썰매를 탔다.

어렸을 적 바구니의 시냇물은 나의 유전자 안에 깊이 자리 잡고 있음이 분명하다.

그래서 그럴까? 지금도 살아가며 낯선 곳에서도 도랑을 만나면 걸음을 멈추게 된다. 흘러가는 물을 막아 놓고 말을 걸고 싶다. 방금 찰찰 소리 내며 도착한 물과 함께 수다를 떨고 싶다. 어디서부터 흐르고 흘러 어떻게 여기까지 왔는지, 오면서 무엇을 보았는지, 혹시 나 어릴 적 도랑물에 대해 알고나 있는지, 지나온 사연을 들어보고 싶다. 고향에서 돌멩이를 쌓아올려 물을 막아 놓고 해가 넘어갈 때까지 놀았던 것처럼 쪼그리고 앉아 이야기를 하고 싶다.

하지만 시냇물은 언제나 바쁘다. 나의 그런 마음을 아랑곳하지 않고 앞서가는 물줄기를 좇아 바삐 가버린다. 나는 어쩔 도리 없이 오는 물줄기에게 매달려 말을 걸어 보지만 앞서간 물줄기와 다르지 않으니 항상 아쉽다. 물속의 여러 얼굴로 나를 잡고 놓아주지 않는 돌멩이들에게 마음 놓고 말을 건다. 동글동글한 돌멩이들의 말에 두 눈과 귀가 활짝 열린다. 오감을 모두 열어 동원해도 나는 항상 용량이 딸린다. 잠깐만! 잠깐만! 도랑은 항상 그렇게 내 심장 깊이 파고들어 온다.

어릴 적 시냇물이 그리워 고향을 찾아가 보았다. 시냇물 줄기는 온데간데없다. 포장된 길 위로 차량들만 매연을 품어대며 쌩쌩 달리고 있었다. 조금만 더 일찍 찾아가 볼 것을!

태어난 곳에서 머나먼 타향으로 이동해서 살다가 다시 수만 리를 모천의 길로 회귀하는 연어도 그럴까. 나도 추억 속으로 회귀하려는 본능의 반도체칩이라도 내 마음에 저장되어 있기라도 한 걸까. 나이가 들수록 자꾸만 고향 마을이 그립다.

송강마을

'바구니'에서 옆 마을인 '송강'으로 이사를 가게 되었다. 바구니마을보다는 작은 마을이었다. 이사 온 집은 자그마한 앞마당과 바깥마당으로 나누어져 있었고, 앞마당 담장은 돌로 빙 둘러쌓아 어린 내 키보다 더 높았다. 우리 앞집은 뒤꼍이 학교운동장만큼이나 넓었다. 꽤나 부잣집 같았다. 그 집의 넓은 뒤꼍에 고목같이 굵은 감나무들이 많았다. 그래서 그 집을 감나무집이라고 불리고 있었다. 감나무 몇 그루는 우리 집 마당 중간까지 뻗어 있었다. 길게 뻗은 감나무 이파리들이 떨어지면 엄마가 마당을 쓸어야 하니 성가신 일이었다. 하지만 여름에는 시원하고 가을 아침에 일어나서 나가면 마당에 감까지 떨어져 있어 나는 좋았다. 벌레가 파먹어 미리 익은 감을 수시로 따먹기도 했다.

 엄마는 부지런해서 앞마당 입구 쪽을 예쁜 정원으로 만들었다. 빙 돌아가며 돌로 경계를 만들고 맨 앞자리에는 자잘한 채송화를 심었다. 봄이 오면 빨갛게 싹이 나와 땅에 납작하게 붙어 앙증맞게 컸다. 알록달록 꽃들이 피어나면 두 손을 겸손히 허리를 낮추고 동공을 열게 했다. 엄마는 봉숭아와 맨드라미도 심으셔서 가을이면 까만 씨를 손바닥에 톡톡 털어 종이봉지에 쌓아두었다. 그리고 이듬해 봄이 다시 오면 솔솔 뿌렸다가 꽃모종을 이웃집들에게 나누어주었다.

 봉숭아꽃은 백반(白礬)을 만나 콩콩 찍어대는 돌멩이에게 시달림을 받지만, 아주까리잎사귀와 하얀 띠로 밤새도록 어부바를 해주면, 앳된 우리자매의 손톱에서 다시 한번 빨갛게 피어났다.

 바깥마당은 다양한 식물들의 전시장이었다. 옥수수와 강낭콩, 완두콩, 고구마, 감자 따위를 심었던 밭고랑이며 작은 돌멩이로 네모꼴로 나누어 놓았던 밭 모양새들이 생각이 난다.

겨울이면 뒷방에 수숫대로 만든 고구마 광도 있었다. 봄이면 상하고 얼어서 반쯤은 바깥에 쓰레기 더미로 버려져 있었다. 옥수숫대도 반으로 뚝 잘라 껍질을 대충 벗기고 질겅질겅 씹으면 달달한 물이 입안에 가득차서 주전부리로 먹었다. 엄마는 먹고 남은 옥수수를 처마 밑에 걸어 말려 두었다가 겨울에 뻥튀기로 튀겨주었다. 화롯불 위에 올려있던 주전자 주둥이가 뿜어내는 진한 옥수수차 향이 지금도 느껴진다.

안방 옆에 부엌으로 통하는 골방이 있었다. 엄마는 식구의 건강을 위해 늘 몸에 좋다는 간식을 많이 해두었다. 생들깨나 마늘을 빻아서 꿀에 절여 놓았던 것을 아버지가 한 숟갈씩 드시는 것을 보았다. 조그만 항아리에 쌀로 만든 조청과 구절초조청도 있었다. 조청은 팥 시루떡을 찍어먹으면 정말 달달하고 맛있었다. 엄마는 수정과나 식혜, 쌀 보리강정을 떨어지지 않을 정도로 항상 쟁여놓았다.

송강 마을에는 아버지처럼 직장을 다니는 사람보다 거의 농사를 짓는 사람들이 대부분이었다. 엄마는 처음과 달리 차츰 송강에서도 친한 사람들이 생기기 시작했다. 엄마는 농번기로 바쁜 집에 가서 아궁이에 불도 때주고 아주머니들과 수다 삼매경의 나들이를 했다. 내가 학교에서 돌아오면 엄마는 집에 없었다. '엄마 찾아 삼만 리' 이집 저집으로 찾으러 다녔다. 금방 찾을 이웃이기는 했지만 말이다. 엄마를 찾으면 으레 점심밥은 그 집에서 해결을 했다.

나는 남의 집에서 내놓는 숟가락이 싫어서 내 숟가락만을 가지고 다녔던 기억이 난다. 아버지는 엄마에게 언니와 내가 학교에서 돌아오기 전까지는 집에 와 있으라고 말했지만 엄마도 가끔은 그렇지 못했다. 너무 친해진 명남이 언니네와의 인연이 끈끈해졌다. 그래서 언니와 나의 점심밥은 항상 명남이 언니네 집이 아니면, 그 아랫집인 찬용 오빠 집에서 해결을 했다.

점심을 먹고 난 후에는 항상 뒷동산에 올라가 놀았다. 바구니마을은 뜰 앞에 시냇물이 흐르고 있었지만, 송강마을에 흐르는 도랑은 우리 집에서 200미터쯤 산 쪽으로 올라가야 했다.

올라가는 길에는 남의 집 조상들을 모셔 놓은 묘지의 봉분들이 쭉 늘어 있었다. 그곳은 꽤나 넓었고 잘 정돈 되어 있었다. 묘지의 주변에 도란도란 놀고 있던 보라색제비꽃과 노랑 민들레꽃이 잔디틈새로 활짝 웃으며 지나가는 우리를 불렀다. 할미꽃과 꿀풀(하고초)들도 까치발을 들고 손짓했다. 하지만 꿀풀은 그만 모두 우리의 손에 시달려 저승길의 맛을 봐야했다. 꿀이 많이 들어있어서 꿀벌에게 빼앗기기 전에 우리는 꽃잎 하나씩 따서 단물을 쪽쪽 빨아먹고 푸푸하며 버렸기 때문이다. 제비꽃과 민들레꽃도 우리 손에 똑똑 끊겨 소꿉놀이의 재물이 되었다.

묘지 앞에는 한 평쯤이나 될까 하는 넓은 상석이 하나씩 있었다. 우리는 친구들과 남의 집 조상 상석을 두고 네 집이니 내 집이니 하며 하나씩 차지하고는, 그 위를 안방 삼아 앉아 놀았다. 흙과 풀과 꽃잎으로 지저분하게 어질러 놓고 소꿉장난을 하며 봉분들 위로 오르락내리락 뛰어다녔다. 그 위에 올라가 방방 뛰기까지 하여 주위의 잔디가 반들반들하게 닳았다. 가끔 묘지의 후손인 듯 어른들이 나타나서 우리를 새 쫓듯 쫓아냈다. 우리는 도망가는 척 망을 보다가 어른들이 안 보이면 다시 나와 놀았다. 놀다가 더우면 바로 밑에 도랑으로 내려갔다.

도랑으로 내려가다 보면 양지바른 둑에는 삘기가 많았다. 붉은색을 띤 뾰족한 줄기를 쏙 잡아당기면 통통하게 생긴 풀이 쏙 빠져 나온다. 그 안에 든 하얀 속살을 꺼내 먹으면 마시멜로처럼 폭신거리고 달짝지근했다.

도랑가에 봄이 오면 버들강아지와 진달래꽃, 아카시아 꽃들이 모두 우리의 간식거리였다. 꽃들이 지고 진초록으로 변할 무렵, 초여름이 후끈 달아오르면 우리의 세상은 더욱 열려져 흐르는 물과 친구가 되었다. 물장구를 치며 목욕을 하고 따끈하게 데워진 바위 위에 앉아 젖은 신과 옷가지가 마르는 동안, 우리는 도랑 주변에 있는 산딸기를 따서 먹었다.

저녁 해가 긴 그림자들을 드리울 때까지 놀다가, 집으로 돌아가는 길에는 풀피리 하나씩 만들어 삐리릴리~ 불며 친구들과 헤어졌다.

그랬었던 그리운 고향과 내가 살았던 집은 이제 흔적도 없이 사라졌다. 도랑은 하늘로 솟았는지 아니면 땅속으로 꺼졌는지 큰 산봉우리들만 병풍처럼 남아 송강마을을 지키고 있다.

지금은 우뚝우뚝 고층 아파트촌으로 변하고 높은 빌딩들로 꽉차있지만, 추억은 늘 내 마음속의 고향으로 남아있다.

올해도 그리운 송강마을의 가을이 감처럼 빨갛게 마음 안에서 익는다.

우리의 수다

 2년 만에 잘 알고 지냈던 지인들을 음식점에서 어렵사리 만났다. 조금 일찍 도착하여 날씨가 좋아서 마당에 주차를 했다. 미세먼지가 없는 파란하늘에 둥둥 떠도는 흰 구름이 너무나 예뻐서 마당에 서서 기다리고 있었다.

 우리 4명은 거의 동시에 도착해서 1차로 마당에서 서로 마스크를 쓴 채 인사를 나누게 되었다. 코로나로 인해 오랜만에 얼굴을 보니 무척 반가웠다. 만나자마자 반가워하면서도 우리는 서로를 탐색하듯 머리부터 발끝까지의 훅 훑느라 눈동자들이 바삐 움직였다. 그녀들도 나처럼 헤어스타일이 어떻게 변했는지, 얼굴은 행여나 의술의 힘을 빌리지는 않았는지? 의상의 브랜드와 시계, 반지, 가방, 신발 중 명품을 몇 개나 착용하고 왔는지, 2~3초 만에 스캔을 끝냈다.

우리는 서로 무슨 말을 먼저하고 어떤 말을 듣기를 원하고 있을까. 여자들의 인사는 거의 빤하지만 회갑도 지났으니 크게 기대하지 않을 줄 알았다. 하지만 내 생각과 달리 그녀들 모두 호기심에 찬 눈빛들이었다. 서로에게 덕담이 시작되었다. 모두가 모두에게 차분하게 보고 느낀 것을 질문하고 대답하더니 한꺼번에 갑자기 소란스러웠다.

그녀1 : 어머~! 사모님! 나이를 거꾸로 드시나 봐요? 젊어지셨어요.

(분명히 진심 아닌 것 같았음.)

그녀2 : 어머나~! 살 빠지신 것 아니세요? 예뻐지셨네요."

(음…내 눈에는 그대로 인 것 같은데!)

그녀3 : 사모님은 언제 봐도 항상 센스가 있으세요.

(그건 좀 잘 본 것 같아.)

그녀4 : 사모님! 스카프가 너무 잘 어울리세요.

아! 정말요? 감사해요. 아니에요. 그런 것 같아요. 등 다행히 좋은 덕담이 오가기는 했지만 진심은 어디까지인지 모르겠다.

순식간에 우리는 외형으로만 보였던 첫 모습으로 시끌시끌하게 인사를 마쳤다. 나이가 들어도 여자는 여자인 것 같다며 모두 흡족한 덕담의 만족감은 상한가의 느낌이었다. '하하하~호호호~' 모두 서로를 쳐다보며 웃었다.

우리는 식당 안으로 들어가 입구에서 체온측정을 했다. 바로 옆에는 'QR코드를 찍어주세요'라고 쓰여 있었다. 인사를 나누며 흥분했던 나머지 준비 없이 쑥 들어간 우리는 그 때부터 버벅거렸다. 공중장소를 들어갈 때마다 QR코드를 꺼내놓는다면서도 항상 깜박하고 생각 없이 들어가게 된다.

한 사람이 "어! 이상하다, 잘 됐었는데? 지난번엔 이렇게 해서 통과했는데… 잠깐만요! 이상하다 분명히 똑같이 하고 있는데?"

"사모님! 그냥 핸드폰 번호 쓰세요."

돌아다보니, 우리 뒤에는 몇 사람이 기다리고 있었다. QR코드를 잘 배워오긴 했지만 한 달에 한 번씩 다시 인증을 해야 한다는 사실을 모르고 있었다. 살짝 옆으로 비켜서서 끝까지 어떻게든 해보려고 하고 있을 때, 뒤에 서 있던 젊은이들은 준비해 놓고 있다가 바로바로 '찍'찍' 하고 쉽게도 들어갔다.

그럴 때 '찍' 소리는 얼마나 경쾌하던지 은근히 부럽기까지 했다. 그 사람들은 모니터의 작은 네모 칸에 딱딱 한 번에도 잘 맞추었다. 우리는 두세 번 혹은 위아래로 왔다 갔다 하다가 어렵사리 비스듬하게 맞춰 겨우 '찍' 소리를 들었다. 가장 늦게 통과한 그녀가 들어와서 자리에 앉을 때까지 '아휴~ 참!' 하며 계속 난처해했다. 우리는 모두 동병상련인지라 그 마음을 알기에 위로를 해주었다.

며칠 전에도 어느 식당에 갈 기회가 있었다. 한 번에 '찍' 소리를 들어야지 하고 스마트폰의 QR코드 화면을 준비해서 들어갔지만, 그곳은 080콜체크인으로 되어 있었다. 익숙해질 만하면 또 새로운 버전이 나오니, 정말로 세상이 너무 빠르게 변하고 있다. 우리네처럼 새로운 기기환경에 무딘 사람은 따라가기가 급급하다.

요즘은 식사 후에는 으레 카페를 많이 간다. 마시는 차 종류도 많다. 너무 많아 외우기도 힘들다. 만만한 것이 '아메리카노'와 '얼그레이'이다. 미리 메뉴를 준비하지 않고 주문대 앞에 머뭇머뭇하며 뭐 마시지? 뭐 먹을까? 하고 있으면 젊은 종업원이 빤히 쳐다본다. 바쁜데 빨리 주문하지 않고 뭐하냐고 재촉하듯 말이다. 민망하기도 하고 당황되어서 잘 외워갔지만, '아프리카노(아메리카노) 하나랑, 카페치노(카페라떼+카푸치노) 하나요.' 라고 말실수를 했다는 우스개도 있다. 육순과 회갑이 엉켜 '육갑잔치'는 잘 하셨냐고 물어보았다는 실수의 예도 있듯이.

그런 마당에 이 자리는 그런 실수가 이상하지 않고 당연하다는 듯 매일 경험하며 살고 있는 4명이 앉아 식사를 하며 수다가 시작된 것이다. 가족들의 근황을 간단히 마치고 코로나 때문에 그동안 무엇을 하고 지냈냐며 마당에서 서로 나누었던 첫인사는 어디론가 사라졌다. 몇 년 사이에 너무 늙었다는 둥 건강에 신경을 써야 한다는 둥의 이야기로 시작하더니 거상술과 보톡스, 필러, 토닝, 라비앙, 금실, 레이저 따위의 이야기로 꽃을 피웠다. 두 번째는 모두들 몸이 여기저기 아프지 않은 곳이 없다는 것이다. 대부분이 혈압, 당뇨, 골다공증, 눈 건조증, 고지혈증 등의 약을 먹고 있다고 했다. 3위는 예전 같지 않아 이런저런 영양 보충제를 챙겨 먹고 있다고 했다.

오메가3, 유산균, 해독주스, 종합 비타민, 칼슘, 콜라겐 등 아파서도 먹고, 건강의 이상신호를 느껴서도 먹고, 건강을 유지하기 위해 아침이면 한줌씩 챙겨 먹는다는 것이다.

특히 피부를 위해 콜라겐은 두세 가지씩 챙겨 먹고 있다고 했다. 명태껍데기의 콜라겐이 80% 이상이 우리 몸에 흡

수가 된다고 방송이 나온 이후 갑자기 유행이 되기도 했었다.

그런데 어쩌나! 나는 실로 충격이었다. 저 중에서 단 한 가지도 챙겨먹지 않고 있으니, 나만 뒤떨어져 살고 있는 것은 아닌가! 어느 날 갑자기 콜라겐 부족으로 광대뼈 살이 턱까지 내려와 폭삭 늙어 보이는 것이 아닐까 와락 겁이 났다. 그녀들은 뭘 믿고 그 나이에 아무것도 안 먹느냐며 걱정까지 해 주었다. 이야기를 듣고 있는 내내 나는 염려가 되어 이제부터라도 먹어야 하나? 라는 생각이 머리를 떠나지 않았다.

한 사람은 젊었을 때에는 잡지에서 금방 툭 튀어나와 걸어가고 있는 것 같다는 소리를 들은 적도 있었다고 허풍. 또 한 사람은 센스의 여왕이라는 별명도 수식어처럼 따라다녔다고 허풍 따위로 그러면서 지금은 어떠냐며 우리의 공통적인 이야기를 떠벌였다. 양송이버섯처럼 땡글땡글한 뽀얗던 피부는 수분이 쏙 빠진 마른표고버섯처럼 얼룩얼룩하고 거무죽죽하다느니. 손등은 나무껍질처럼 말라 힘줄이 툭툭 튀어나와 꺼칠꺼칠 빈곤의 극치라느니. 코로나로 얼굴은 무표정에 마스크로 푹 절여져 있고, 머리카락은 영화에 나오는 '골룸'처럼 드문드문하니 속이 훤히 보인다고 했다. 모두 공감한다며 한숨을 쉬었다. 어디 속이 훤히 보이는 것이 어디 머리카락 뿐이랴!

머릿속은 백치다. 공갈빵처럼 휑하다. 책을 읽어도 머릿속에 남는 것이 없다. 갈라진 논바닥에 단비 가지고는 어림도 없듯, 공갈빵처럼 텅 빈 머릿속은 퍼붓는 호우성 폭우로도 될까 말까 절실하다.

고교시절 국어선생님이셨던 김수남 작가님의 소설『잘 가라 사탕』을 읽었다. 책 속에는 어떤 인물처럼, 어떤 음악처럼, 어떤 소설처럼 이라는 문장의 예가 많이 쓰여 있었다. 나는 그 '어떤'을 알 수가 없으니, 선생님은 제자와의 대화는 쉽지 않을 것 같다는 생각이 들었다.

감기약 한 알에 콧물, 재채기, 가래, 기침, 목쉼 등 여러 가지가 효능이 있는 것처럼 텅 빈 공간을 골고루 채울 그런 엑기스는 없을까? 나이를 먹으면 지식이든 상식이든 좀 부족해도 불편한 것이 없을 줄 알았더니 오히려 더 필요함을 느끼게 하는 세상이다. 자동차 네비게이션도 업그레이드를 해주지 않으면 새로 난 길에서는 빙글빙글 이리저리 돌게 만든다. 우리네가 QR코드를 찾느라 버벅거리듯 말이다.

늙음을 더디게 콜라겐을 챙겨먹고, 아픈 곳을 치료하기

위해 약을 먹고 살아가듯, 남은인생 공갈빵의 속을 채워
가기 위해서는 수시로 업데이트를 해야 할 것 같다.

　빠른 세상의 변화와 4차산업의 시기에는 AI가 또 무엇
으로 우리네를 버벅거리게 하고 놀라게 할런지 걱정 반 기
대 반이다. 우리 인생살이가 계속 바빠질 징조다. 그 모든
것들을 어떻게 채우고 대처해 나가야 할는지? 한숨이 나
온다.

우리는 서로 무슨 말을 먼저하고
어떤 말을 듣기를 원하고 있을까

31. 낯선 이웃들

"세종으로 이사 가서 이웃들에게 떡은 돌렸나요?"
"…아니요."

요즘에도 이사 왔다고 떡을 돌리는 사람이 있을까! 스승님께서 물어 보시는데 나는 속으로 생각하며 당연하다는 듯 대답했다.

아! 그 순간, 과일이라도 돌리며 인사라도 나누었더라면? 며칠 전 이웃의 필요성이 절실했던 사건이 떠올랐다.

세종시의 아파트로 이사 온 지 반년이 지났다. 그러나 아직 옆집은커녕 아래윗집에 누가 살고 있는지 전혀 모른다. 옆집 사람은 승강기 앞에서 안면은 있었으나 마스크가 무기다. 표정이 가려지니 마음도 숨겨졌다. 서로 보는 둥 마는 둥 고개만 대강 끄덕거리고 마스크 밖으로 드러난 눈만 힐끔 쳐다봤다. 그동안 알아왔던 사람이라면 모를까, 한두 번 슬쩍 눈빛만 보고 장소가 다른 곳에서 만나게 되면 절대 모를 그런 옆집과 나는 살고 있다.

  윗집은 천장이고 아랫집의 천장은 우리 집 바닥이다. 윗집에서 걸어 다니는 소리, 물 내려가는 소리가 다 들린다. 창문들이 열려진 여름이면 아래층에서 무슨 음식을 해먹는지도 가끔은 알 것 같다. 아파트란 공간구조가 벽 하나를 사이에 두고 가깝게 붙어살지만 일면식도 없이 그렇게 살아간다.

  며칠 전 밤 10시가 좀 넘었을 때의 일이다. 대전으로 저녁 모임을 갔던 남편에게서 전화가 왔다. 세종으로 이사를 온 후 남편이 저녁 모임이 있는 날이면 음주 때문에 불편함이 있다. 모임을 갈 때면 내가 승용차로 항상 그 장소까지 데려다 주고 데리러 가야하기 때문이다. 그날도 모임 장소까지 데려다 주고 돌아오는데 차량 정체로 두 시간 남짓 걸렸다. 그래서 남편은 내게 미안했던지 지하철역까지만 데리러 와달라는 전화가 왔던 것이다. 좀 귀찮기는 했지만 거기까지는 시간이 얼마 걸리지 않으니 흔쾌히 대답을 하고 나서려는데 핸드폰을 어디다 놓았는지 아무리 찾아 봐도 보이지 않았다. 역의 몇 번 출구인지는 말을 하지 않고 끊어서 다시 물어봐야 할 상황인데, 정말로 당황되었다. 밤 10시가 넘은 그 시간에 어디서 전화 올 확률은 거의 없고 도로에 서서 기다릴 남편을 생각하니 마음이 일분일초가 급했다.

지난번에 생긴 트라우마까지 되살아나며 갑자기 얼굴이 뜨겁게 달아올랐다. 그때는 남편이 서울본사에 다녀오던 추운 겨울날이었다. KTX를 타고 대전역에서 내려 지하철을 타고 오게 되면 월평역 도착시간은 밤 12시가 좀 넘는다고 했다. 나는 남편이 도착 할 시간 전에 나가 승용차에 비상등을 켜고 대기하고 있었다. 그런데 도착할 시간이 지났는데도 남편은 오지 않았다. 핸드폰은 무슨 일인지 꺼져있었다. 조금만 조금만하다 보니 30분이 지났다. 불안한 생각이 들며 그냥 집에 올 수도 없고 참으로 난감했다.

그러고 있는데 마침 택시 한 대가 삐익~하고 내 승용차 앞에서 섰다. 택시에서 내린 건 남편이었다. 나도 놀라 얼른 내려 어떻게 된 거냐고 물었다. 그이는 핸드폰 배터리는 나간 상태이고, 갈마역에서 만나기로 하고 여기 있으면 어떻게 하냐며 오히려 살짝 짜증난 어투로 말했다.

아니, 분명 월평역에서 만나자고 했는데? 피차 시원한 대답이 나올 대화는 안 될 것이 뻔했다. 추운겨울날 30분 이상이나 덜덜 떨고 있었을 남편을 생각하니, 참을 수밖에. 남편은 기다리다가 지쳐서 택시를 타고 집으로 가던 중 비상깜박이를 켠 내 승용차를 발견하고 내렸던 것이다. 자신의 처지로는 사람들이 많이 다니는 번화가도 아니거니와 밤 12시가 넘어 누군가에게 핸드폰을 빌릴 상황도, 오늘의 마지막 지하철이라 지나가는 사람조차 없었다는 것이다.

그래서 오늘은 거꾸로 왠지, 그 때의 상황처럼 벌어질 것 같아 걱정이 앞섰다. 이사를 오면서 집 전화를 없앤 일까지 후회가 되었다. 어쩌지? 어쩌지? 시간은 자꾸만 흐르고 마음이 조급해오며 그 날의 트라우마가 머릿속을 꽉 메웠다. 우왕좌왕 하다가 염치를 불구하고 옆집 벨을 눌렀다. 인기척 소리와 TV소리가 분명히 들렸음에도 하물며 볼륨을 줄였는지 쥐죽은 듯 조용했다. 한밤중에 모르는 사람이니 아마 나 같아도 그랬을 것이다.

어쩔 도리 없이 못 만나면 지나가는 사람에게 핸드폰을 한번 빌려볼 마음으로 승강기를 눌렀다. 그런데 승강기가 멈춰 섰다. 이 밤에 이건 또 무슨 일이람! 승강기까지 고장이라니? 설상가상으로 우리 집은 21층이다. 순간 머릿속이 뒤엉켰다. 이 상황에는 비상계단을 달려 내려가는 수밖에 다른 방법이 없었다. 엎친 데 덮친 격이라니. 머릿속에서는 뜨거운 김이 풀풀 났다. 달려 내려가며 고꾸라지기라도 할까봐 난간을 잡고 계단을 뱅뱅 돌며 달렸다.

7층쯤에서 올라오는 한 청년을 만났다. 헉헉거리며 사정 이야기를 하니 흔쾌히 남편에게 전화를 걸어줬다. 남편은 모르는 전화번호임에도 받아줘서 다행이었다. 통화를 하고나니 휴~하고 안도의 한숨이 나왔다. 낯모르는 젊은이에게 미안한 마음이 들며 이웃에 대한 생각을 다시 하게 되었다.

그런 일들은 전에 살던 아파트도 마찬가지였다. 누가 몇 층에 사는지는 승강기를 타며 숫자를 누를 때 알게 되었다. 부부와 자녀도 대충 저 모습의 나이라면 저 사람과 부부인가보다 하고 자녀도 작대기 선긋기처럼 대강 맞춰 보는 것이다.

더군다나 요즘 승강기는 더욱 발전하여 지하주차장에서 공동현관문이 열리는 동시에 초스피드로 내려와 문을 활짝 열어놓고 기다렸다가 잽싸게 올려다 준다.

코로나바이러스로 인한 비말의 전파 때문에 누군가에게

말을 거는 것 자체를 서로 찜찜하게 여기기도 하지만, 가끔은 젊은이들에게 관심을 가지고 말을 걸면 왜 궁금한 거지? 라고 불편한 눈치다. 그렇다고 젊은이들이 나이 먹은 우리를 꼰대라는데 궁금해 할리 만무이고, 도통 서로에게 관심은 이제 불필요한 요소가 되어가고 있다. 같은 아파트에서 수십 년 동안 사는 사람은 다를 수도 있겠지만, 특히 새로 입주하는 아파트는 더더욱 그런 것 같다.

1995년 지방자치제가 도입되며 차츰 유명무실 되었다지만, 예전에는 아파트에 반상회라는 주민자치모임이 있었다. 저녁을 먹는 다음 자녀를 데리고 반상회를 여는 집에 가면 아이들은 아이들끼리 놀고, 어른들은 어른들끼리 준비해 놓은 다과를 함께 먹으며 반상회는 간단히 끝내고 밤늦게까지 수다를 피웠었다. 그러나 이제 반상회란 단어조차 생소하다.

코로나 거리두기로 5인 이상 만남 자체가 규제되는 시대를 살고 있다. 음식점에 가서도 수다를 떨면 왠지 주위사람에게 피해를 주는 듯한 느낌마저 들어 필요한 말만하게 된다. 코로나로 집에 갇혀 살다보니 대화 없는 삶이라 스트레스가 극도로 쌓인 탓일까? 요즘 들어 같은 아파트에 살며 묻지 마 폭행사건이 일어나는 것을 뉴스에서 자주 접

한다. 사람을 쳐다봤다고 폭행을 하고, 본인의 아파트에 불을 지르며 계단으로 대피하는 주민들에게 흉기를 휘두르는 끔찍한 사건도 있었다. 층간소음으로 일어나는 폭행은 나날이 비일비재하다. 같은 아파트에서 서로 인사라도 나누며 잘 알고 지내는 사이였다면 저렇게 끔찍한 사건들이 일어났을까? 정말로 안타깝다.

이사 온 우리 아파트 관리사무소에서는 연일 실내스피커로 안내멘트를 쏟아낸다.

'주민 여러분께로 시작하여…층간소음, 아이들의 뛰는 소리, 반려개 짖는 소리, 피아노 치는 소리, 담배연기 등으로 이웃에게 피해를 주지 맙시다' 라고 수시로 토해낸다.

아닌 게 아니라, 이사를 오자마자부터 몇 층인지는 모르겠으나 반려개들이 무척 많이 짖어댔다. 처음에는 좀 신경이 거슬렸지만 시간이 갈수록 걱정이 되었다. 아마도 주인들이 출근하고 아무도 없으면 짖는 것 같았다. 또 다른 집 반려개는 그 개가 짖으면 묻고 대답하듯 한 시간 이상을 개들끼리 서로 응대한다. 어느 집인지 찾아내서 말해주고 싶지만, 나에게 물리적인 행동이라도 취하면 어쩌나? 며칠 전 아파트 묻지 마 폭행사건이 떠올라서 겁도 난다.

갑자기 어려운 일이 생긴다 해도, 이웃의 도움을 청하기가 쉽지 않은 것 같다.

우리의 어릴 적 이웃은 정다웠다. 이웃집의 작은 창문으로 흘러나오는 불빛은 우르르 까꿍, 도리도리, 잼잼~하며 까르르 웃는 아이들 소리와 하하~호호~ 가족의 웃음소리, 안방의 모든 사연을 실어 내어보냈다. 남의 일도 나의 일처럼 생각해 주던 정겹던 그런 시절이 있었다.

이사 온 지 몇 개월이 지났지만 아직 밤중에는 걸어서 아파트 밖을 돌아다니지 않았다. 문득 낯선 유럽여행에 와서 살고 있다는 느낌이 들었다.

문득
낯선 유럽여행에 와서
살고 있다는 느낌이 들었다

4부

조미료
1ts

온실에서 꽃을 피운 아이

　서울에 살고 있는 딸과 사위가 와서 함께 저녁식사 후 과일을 먹는 중이었다. 사위가 딸기접시를 내 앞으로 살짝 밀며 말했다.

"어머님! 제철에 나는 과일과 채소를 많이 드셔야 건강해지신대요. 많이 드세요."

"그래 고맙네."

"그런데, 딸기의 제철은 겨울인거죠?"

"음~그게?"

　그 날 밖에는 엄동설한에 폭설로 세상이 온통 하얀 밤이었다. 순간, 나는 무나 배추 뿌리를 간식으로 먹고, 화롯

불에 고구마나 감자를 구워먹던 반세기 쯤 지난 옛 시절부터 이야기를 해야 하나? 아니면, MBC드라마 전원일기 때부터? 따위의 생각이 휘리릭 스쳐지나갔다. 불현듯 친정아버지의 추억이 떠올랐다. 1970대 말쯤 이었던가? 어느 겨울 날 아버지는 서울에 다녀오시더니,

'서울에 갔더니 말이여, 이 추운겨울에 빨간 딸기가 나와 있더라.' 라고 하며 무척 신기해 하셨다. 딸기를 먹고 오신 친정아버지는 신의 한수라고 생각하는 것 같았다. 물론 나도 그 시절의 겨울철에 딸기를 본 일도 먹어 본 적은 더더욱 없었다. 한 겨울에 딸기가 있으리라고 상상도 못했던 때였으니까. 아버지는 그 후 책을 보며 하우스딸기 공부를 하셨다. 지금 같았으면 인터넷 검색으로도 되겠지만, 그 시절에는 컴퓨터가 없었으니 책에서 배워야 했다. 그리고는 다음 해 틈을 내시어 30평~40평쯤 되는 텃밭에다 비닐하우스를 짓고 딸기를 심었다. 그 안에 연탄난로를 피워 놓고 퇴근하고 오시면 수시로 드나들며 온도를 조절하고 물도 뿌려주면서 아버지는 여가시간을 비닐하우스 텃밭에 푹 빠져 지내셨다. 노지에서 재배하는 것보다 몇 배의 정성을 들이는 것 같았다.

드디어 추운겨울철임에도 비닐하우스 안에서는 하얀 꽃

을 피운 딸기가 땡글땡글 맺히기 시작했다. 딸기가 점점 커지고 익어가는 모습을 지켜보는 우리가족은 어린 아기를 키우는 것처럼 모두 행복해 했다. 정성껏 키워 하얀 눈이 쌓인 겨울철에 첫 딸기를 수확하게 되었다. 그렇게 많은 양은 아니었지만, 그중 작은 것들을 골라 우리는 맛있게 먹었다. 엄마는 상품 가치가 있는 것은 몇 개의 바구니에 수북하게 담아 어딘가를 다녀오더니 제철 때보다 몇 배의 돈을 받았다며 무척 좋아하셨다. 나는 사위와 말을 이어갔다.

"우리네가 자네 나이쯤 되었을 시절에는 5월이나 되서야 딸기를 먹을 수 있었지."라고 말하며 위의 친정아버지께서 서울 다녀오셨던 이야기를 해주었다. 그 후 머지않아 어느 때부턴가 한겨울이 제철이 되었던 것이라고.

우리아이들은 어릴 때부터 겨울에 딸기를 먹었으니, 당연히 딸기의 제철이 겨울이라고 생각할 수도 있겠구나 싶었다. 요즘은 하우스에서 나온 겨울딸기를 먹고 나면, 5월쯤의 제철 딸기는 아예 기다리지도 않는다. 그 다음 시기에 나올 하우스 참외를 기다릴 뿐이다.

어렸을 적에 할아버지가 포도농사를 지으며 하셨던 말이 생각난다. '수확시기에 한꺼번에 많은 양이 쏟아져 나오면 포도 값이 턱없이 떨어져 제값을 받지 못하고, 끝물에는 찾는 사람들도 드물기 때문에 돈이 더욱 안 된다'고 하셨다. 그래서 기왕이면 높은 소득을 위해 빨리 자랄 수 있는 농작물법으로 재배해야 한다고 하셨다. 물론 소비자들에게 먹거리를 미리 제공하기 위함도 있지만, 투자를 해서라도 남들보다 먼저 수확하여 고소득을 올리기 위함이 더 크셨던 것이리라.

아이를 키울 때도 그랬던 것 같다. 느긋하게 봄까지 기다려 주지 못하고 다른 아이들에게 뒤처질까 불안하여 하우스 안에서 먼저 꽃을 피우기 위해 애를 썼다. 내 아이가 노지에서 자라 늦되는 것을 참고 기다리지 못하여 과목별로 선생님을 하우스(집안)로 불러 선행학습에 불을 지폈던 것이다.

하우스 딸기처럼 한 겨울에 소비자들 눈에 잘 띠는 곳, 진열대의 맨 앞을 차지하여야 직성이 풀렸다. 친정아버지가 처음 딸기를 보고 신기해 하셨던 것처럼 가장 좋은 자리에서 반짝반짝 빛을 발하라고 욕심을 부렸다. 하우스 딸기를 키우기 위해 몇 배의 수고와 정성을 들이는 것처럼, 그렇게 아이를 온실 안에 두고 키우는 것만이 정성을 다하고 아끼고 것이라고 생각했다. 꼭 소비자를 위해서라기보다는 고소득을 위한 농가의 마음과도 같이 어찌 보면 나도 아이를 위한 것이 아니라, 남들보다 앞서가는 자녀로 만들려는 내 욕심과 내 만족을 위해서였다는 생각이 든다. 아들이 해병대를 지원하겠다며 한말이 생각났다. 엄마가 그동안 자기를 온실 속 화초처럼 키웠다면 이제 스스로 펼쳐 나갈 수도 있도록 온실 밖으로 내보내달라고 하였다. 나를 희생하면서라도 아이를 위한다며 정성을 다 했지만, 지금에 와 생각해보니 그런 나의 열정육아와 열정학습 때문에 아이는 많은 스트레스를 받았을 것이란 생각이 든다. 아이는 연탄불 가스로 꽉 찬 습한 온실속보다, 오히려 밖으로 뛰쳐나가 시원한 공기를 원했을 것이라는 것을 그때는 전혀 몰랐다.

온실 속의 딸기와는 다르게 노지 딸기는 가을에 심기 때문에 이듬해 5월까지 살아남기 위해서는 찬 서리를 맞아야한다. 겨울에도 바람이 술술 들어가는 볏짚을 피복삼아 눈보라치는 춥고 긴 겨울을 잘 참고 견뎌내야 한다. 아들이 그렇게 노지 딸기처럼 갖은 역경을 겪어가며 체험을 해야 했었음에도 불구하고, 아이는 온실 안에 있었고 찬 서리와 겨울 눈보라 역할을 내가 대신 한 것만 같다. 아이는 온실 속에서 얼마나 숨이 막히고 힘들었을지 나는 50살쯤

유아교육 공부를 하다가 깨달으며 노트 맨 뒷장에 이런 글을 남겼다.

※수업을 마치며

내 아이의 모든 스케줄은 어릴 때부터 내 손에서 움직였다. 아침에서 저녁까지 아이 혼자가 아닌 엄마와 함께. 내 방식대로 시간시간! 대학생 때까지도 운동화 끈을 끼우지 못할 정도로 혼자 할 줄 아는 것이 그리 많지 않았다. 사소한 이런 것들을 빠르게 못하여 군대에 가서 곤란하면 어쩌나! 그제야 나는 아이에게 스스로 하도록 시켰다. 내가 너무 일일이 간섭하고 해준 나머지 소극적이고 자존감이 낮은 아이가 되면 어쩌나! 하지만 수업시간에 배운 것을 토대로 본다면, 이미 그런 아이가 되어있을 수밖에 없었다. 좀 더 일찍 알았더라면…. 후회스럽고 아쉬움이 많다. 생각해보니, 아이들에게 미안하다. 나처럼 자녀에게 잘 하는 엄마도 드물걸! 하며 자랑스러웠는데 부끄러운 바보엄마였다. 특히 아들에게 너무 미안한 마음에 가슴이 아프다. 아들에게 꼭 미안하다고 말하고 싶다. 자녀를 키우는 부모가 반드시 알고 있어야 할 내용들인 것 같아서 이 노트를 앞으로 엄마가 될 딸과 며느리에게 물려주고 싶다는 생각이 든다.

수업을 마친 후 유아교육 과정은 내 마음속 깊이 찬 서리마냥 싸늘하게 남았다.

묵혔던 마음

 5월의 마지막 봄비인가? 다가올 여름을 질투하는지 모두 퍼붓고 가려나보다. 코로나로 발을 묶어 놓는 것도 모자라 오늘은 소낙비까지 더한다. 그래도 그렇지, 아침에 그렇게 쨍쨍했던 해를 먹구름이 몰려와 가로막고는 갑자기 우두둑우두둑 창문을 사정없이 때리더니 소낙비를 퍼붓고 갔다. 금세 또 어디로 갔는지, 우르릉 쾅쾅 멀리서 천둥소리만 들렸다. 기후 변화로 봄비도 호우성으로 내린다. 아파트 정원에 핀 꽃들도 느닷없는 봄비에 그만 놀라 맥없이 꺾였다. 솔솔 부는 봄바람과 보슬보슬 내리는 봄비에 대한 추억은 아득히 멀어지는 것만 같다. 파릇파릇 새싹들의 향연도 느낄 여유조차 없이 어느새 봄은 지나가버렸다. 그래도 소낙비가 미세먼지는 말끔히 씻어 주어 먼 산까지 훤히 보인다. 기왕이면 내 마음까지 쓸어 갈 것이지, 흠뻑 적셔만 놓고 갔다. 아침에 붉은 노을을 몰고 왔던 해님은 중천에 홀로 떠서 온누리를 찬란하게 비추고 있다.

 사람의 습관은 21일이면 바뀐다고 한다. 사회적 거리두기로 모임은 물론, 교회에 가는 일과 가족끼리와 친구들과도 자유롭지 못한 지가 벌써 1년이 훨씬 넘었다. 그러다 보니 습관마저 바뀌어 가는 것 같다. 나는 혼자 있을 때보다 사람들을 만나 소통할 때 에너지를 얻는 편이었다. 이제 혼자 걷고 혼자 운동하고 혼자 다니다 보니, 단골카페까지 생겼다.

 소낙비로 젖은 무거운 마음을 노트북에 실어놓고 마음만큼은 깃털처럼 가볍게 두고 싶다. 노트북을 챙겨 에코백 하나 달랑 메고 단골카페로 나섰다. 해님도 머리위에서 스토커처럼 따라 붙었다.

 우리 동네는 한적하다. 바로 앞은 5일 장날이 서는 면 소재지 모습이고, 도로 하나 사이에 두고 건너편은 30층 고층 아파트와 상가가 빼곡히 들어서 있는 신도시다. 오늘은 어느 쪽으로 갈까? 그날의 기분에 따라 마음에게 맡긴다. 신도시 쪽 단골카페는 우리 아파트에서 나와 걸어서 10분정도 걸리지만 5일장이 서는 면소재지 쪽은 20분 이상을 걸어야 한다.

받쳐 든 양산 안으로 온몸을 숨겨도 그림자로 암시한 해님은 단골카페까지 따라 왔다. 카페라떼 한잔을 시키고 벨이 울릴 때까지는 사랑하는 사람을 기다리는 것처럼 마음이 설렌다. 입술에 젖은 카페라떼의 첫 모금이 쓰디쓴 나의 마음을 우유의 거품처럼 부드럽게 녹여준다. 그래서 한 여름에도 따뜻한 카페라떼를 마시게 된다.

카페까지 따라왔던 해님도 어느새 창밖에서 기웃기웃 나를 향해 자리를 잡고 있다.

나이를 먹으면서 설겅설겅 쑥쑥 내보내야 할 문제들이 오히려 촘촘한 거름망에 걸려 빠져나가지 않고 쌓여있다. 걸려들은 찌꺼기의 부피가 점점 늘어서 무게가 느껴지고 악취가 날 때까지 거름망을 비우지 못하면 신경전을 피우게 된다. 찌질하고 치사한 모습으로 살고 싶지 않은 것이 나의 신조였는데, 옹졸하고 이해가 안 가는 것은 그들 탓이 아니라 내 탓일 것이다.

사랑을 하게 되면 마음과 물질도 함께 따라가게 되어 있다고 입이 닳도록 말하는 사람이 실제로는 '스크루지 영감'보다 더 지독하다면 말로만 하는 거짓사랑이 분명하다. 자기중심으로 자아도취에 빠져 자랑만 냅다 늘어놓는 사람과의 만남은 참으로 곤혹스럽다. 상대의 SNS를 무시하거나 씹어버리고도 하루 이틀까지도 답을 안 하는 사람과는 관계를 끊는 편이 낫다고 한다.

  요즘에는 어떤 문제든지 가지고 가다 무거우면, 따따부따하거나 실랑이조차 피곤해 그냥 버리고 싶다. 나는 무슨 일이든 마음에 오래 두지 못하는 성격이다. 그때그때 해결을 해야 편하게 잠을 잤었다. 그런데 코로나로 오랜 시일을 집콕으로 살다 보니 MBTI ES**→IN**로 바뀌지 않았을지 모르겠다. 성격에도 많은 변화가 일어나는 것 같다.

  듣는 대로 이해가 간다는 '이순'이 지났지만 듣는 대로 이해가 안 가는 것이 많다. 나잇값도 못하고 사는 것은 아닌가! 거름망에 기름기가 절어 구멍들이 좁아졌다.

  봄은 봄이로되 봄이 아니다(춘래불사춘 春來不似春)라고 했던가. 봄이 되었는데도 강남 갔던 제비는 모두 어디로 가서 안 돌아 오느냐고 사람들이 말한다. 제비가 돌아오지 못하게 환경을 바꾼 곳에 살면서, 제비가 안 보인다고 제비 탓을 하고 있는 것이다. 제비는 시멘트 냄새나는 아파트에 제 둥지를 짓지 않는다. 아무리 기다려도 오지 않을 것이다. 제비는 사람이 살지 않는 폐가에도 집을 짓지 않는다고 한다.

자기 자신이 바뀐 것은 당연하고 상대방이 따라오지 않는다고 불평을 하는 것은, 아파트에서 제비를 기다리는 것과 다를 바 없다.

오늘따라 유독 테이크아웃 하는 손님들이 계속 들락날락거리니 신경이 쓰인다.

'스치기만 해도 코로나델타감염' 이라니! '스치기만 해도 인연' 이란 옛 속담이 무색하게 되었다.

묵혔던 마음을 폴더에 모두 담고 나니, 마음까지 정리가 되는 듯하다. 집으로 돌아가는 발걸음이 깃털처럼 가볍다.

아침에 돌려보냈던 노을은, 어느새 반대쪽으로 와서 해님을 기다리고 있다.

조미료

1ts

주방에서 요리할 때면 가끔 들여다보는 남편 '미원 좀 넣지'라고 말을 한다. 그러면 나는 대뜸,

"음식에만 넣으라고 하지 말고 자기 인생에나 좀 넣으세요."

"상대의 마음을 도통 모르는 당신! 당최 싱거워요."

"당신 삶에도 깊은 맛 좀 내보라고요~."

남편에게 잔소리를 해놓고 나서 나는 과연 깊은 맛을 내고 살고 있는지 생각하게 된다.

직장생활로 바깥 음식에 입맛이 밴 남편과 나는 창과 방패다. 우리 집에는 미원은 안 된다고 말하면, 몸에 해롭지 않

다는데 작은 거 하나 사다놓지 그러냐며 몹시 아쉬워한다.

어느 날은 저녁을 중국식으로 준비하고 있는데 고추기름이 떨어져 포도씨유로 요리를 하였더니 내가 원하는 맛이 나오지 않았다. 음식도 궁합이 있고 간이 맞아야 제 맛이 난다. 콩나물국도 서양 소스를 넣거나 중국식 양념을 넣어 끓인다면 시원한 맛으로 먹기는 어려울 것이다. 한식·중식·양식의 종류에 따라 요리법과 들어가는 양념이 적절치 않으면 제대로 된 맛을 낼 수 없다. 음식이 싱거우면 먹는 내내 아쉽고 먹고 난 후에도 덜 채워진 뇌는 후식 생각이 간절하다. 그렇다고 간이 강하면 건강에 해가 될 거라는 생각에 불쾌하고 먹고 난 후에는 갈증이 난다. 요리 하나를 할 때에도 맛을 내기 위해서는 몇 번씩 간을 봐야 한다.

대인관계 속에서도 상대를 잘 모를 때, 흔히 '간을 좀 보는 중'이라 말 할 때가 있다. 상대방을 좀 알고 난 후에 다가가겠다는 뜻이 아닐까싶다. 아무나 간이 보아지는 것은 아니지만, 가까운 친척이나 대인관계 속에서 유독 간이 살펴지는 인물들이 있다.

내게 있어서 간을 보는 의미는 주관이 없어서나 나쁜 의도가 아니라 상대에게 맞춰가기 위함이다. 잠시라도 애매

하고 어색한 분위기에 적응이 쉽지 않아서 폭풍 리액션을 달며 그 분위기를 반전으로 대처하려는 의미였다.

때로는 내가 왜 간을 봐야 하나? 어색한 분위기가 나 때문은 아닐 텐데! 왜 이 분위기를 빨리 반전시키려고 노력중이지! 꼭 그것이 마치 내 몫인 것처럼! 그래놓고도 뭔가 썩 유쾌하지 않을 때가 있었다.

그런데 세월이 흐른 후 놀랍게도 간이 봐지는 사람이 따로 있다는 것을 알게 되었다.

생각해보면, 그런 사람은 언제나 기선제압 하려하고 스포트라이트를 받고 싶어 했다. 여럿이 있을 때도 일관성 없는 주제로 본인이 하고 싶은 말만 하며 남의 말은 끝까지 들을 마음조차 없다. 기분은 항상 〈업다운〉이 심하며 핀잔하는 투로 말 할 때가 많다. 〈메인〉이 아니면 서서히 얼굴이 맞이 갔다. 칭찬에 굶주린 사람처럼 인정을 받고 싶어 하는 속마음이 훤히 드러나 보이기도 한다. 그런 사람일수록 자존감이 낮다는 것도 알게 되었다. 그 다음부터는 간을 보는 것과 리액션을 포기하기로 했다. 그런 분위기로 끌고 가려는 자에게 리액션까지 발사하며 노력했던 나를 오히려 토닥토닥 위로했다.

내 주위에는 '다다다'다. 다함께 즐거워야하고, 다함께 웃어야하고, 다함께 이야기가 있어야 한다. 상·하 계급 따위나 권위를 내세우는 것을 사양한다. 맛없는 음식과 재미없게 사는 것, 돈의 노예로 사는 사람도 사양한다.

나는 카톡을 할 때에도 이모티콘을 양념처럼 아낌없이 달아서 날리는 편이다. 상대에게 나를 약간 낮추더라도 편안하게 다가가기 위함도 있고, 서로 부담 없이 대하자는 것이 나의 방식이기 때문이다. 그들은 그런 내 마음을 알기나 할까? 계획적인 것도 아니고, 그렇다고 마음에도 없는 작용이 일어나는 것도 아니다. 그저 나의 삶속에 배어있는 양념들 중 일부가 무의식 속에서 주저 없이 툭툭 튀어나오는 것이다.

무뚝뚝하고 무미건조한 단답형의 대화나 양념 없는 카톡 대화는 나에게 금지다. 그 시간은 너무 지루하며 그런 사람들과의 〈리필〉은 곤란하다. 진지함 속에서도 커피 향을 느낄 줄 아는 그런 사람이 좋다.

사람들의 성격을 음식 맛으로 표현하는 것을 종종 볼 수 있는 바, 좀 밍밍하고 싱겁다느니, 짜다느니, 느끼하다거나, 칼칼하다고 말한다.

각자 어떤 색과 양념들로 맛을 내며 내면을 채워 나갈지는 본인이 선택하고 만들어가는 것이겠지만, 나는 기왕이면 보편적인 맛이 좋다. 그저 평범한 뚝배기된장국에 오뎅탕에 소주가 어울리는 사람, 푹 삶아 우러난 쇠고기 무국 맛을 내는 사람이 좋다. 화려한 명품접시에 올라앉아 한가운데에서 우아하게 폼 내는 〈메인〉요리는 왠지 부담스럽다. 성격상 진땀이 날 것 같다. 국물로 입안을 한 바퀴 돌려 입맛을 돋우어주는 동치미 같은 시원 칼칼하고 개운한 조연역할 같은 사람이 좋다.

그리하여 품위를 조금 손상되더라도 조연으로서 스스로 재미를 이끌어내기 위해 약방의 감초처럼 오지랖을 발사했던 것이다. 아니, 누가 알아주던 안 알아주던 그것이 나다움이었다. 그래서 그런가? 사람들은 나와 함께 있을 때
'벌써 시간이 이렇게 됐어? 그대와 함께 있으면 시간가는 줄 모르겠어.'라는 소리를 종종 듣는다. 하지만 가끔은 무례한 사람들도 있다. 이왕이면 긍정적으로 맞춰주다 보니 그런 겉만 보고 싱거운 사람 취급을 당한다. 잘하면 잘 할수록 더 요구하며 아무 때나 사전약속 없이 다짜고짜 본인 위주로 연락해서, 심심풀이로 대할 때는 참 난감하고 곤란이 충만하다. 생각이 없는 것이 아니라, 예의상 들어주지만 들어올 때는 몹시 쓸쓸하다.

한마디만 던져도 서로 알아듣고 〈리액션〉을 아끼지 않

는 사람, 그런 사람과의 만남은 집에 들어오는 중에도 후식 생각도 갈증도 없다. 하지만 자기자랑에 도취되어 자기가 기준이 되어 있는 사람, 상대를 얕보며 본인이 대우를 받아야 하고 괜찮은 사람임을 증명하려는 사람과의 만남은 영 힘들다.

헤어지고 들어올 때 자동차의 룸미러 속에 비치는 나의 미간에 두 줄의 회색빛이 보인다.

다른 사람을 떠올릴 때이면 그의 개성이나 얼굴이 생생히 떠오른다. 특히 가까운 사람일수록 밍밍하고 싱거운 사람인지 짠 사람인지 장·단점이 자세히도 보인다. 하지만, 내 자신의 얼굴을 떠올리면 사진 속의 얼굴만 떠오를 뿐, 당장 어떻게 생겼는지 말하라면 나도 잘 모르겠다.

나도 남이 잘 보이듯 주변사람들이 나를 더 잘 알고 있겠지? 나에게서 빠져나와 거리를 두고 나를 들여다보게 되었다. 그게 성찰일지는 모르겠다.

싱거우면 양념을 더 넣고 짠맛이 나면 물을 더 부으면 된다지만, 먹지 못하고 버려야 할 식상한 내가 보이는 게 아닌가! 따따부따한 수다쟁이가 되어버린 내 맘에 들지 않는 거칠어진 나를 보자니 낯부끄러웠다. 이렇게 허물 많은 나를 받아주고 만나서 좋아해 주었던 사람들에게 고개가 절로 숙여졌다.

곰곰이 생각해보니 다른 사람에게 보이는 나는, 내가 생각하는 내가 아닐 확률이 아주 높다는 생각이 들어 부끄럽고 망측스러웠다.

〈필립 맥그로〉의 '인생은 수리가 됩니다. 반품은 안 되지만.' 이라는 글이 생각난다. 내 인생도 수리가 된다는 것이다. 내 삶의 인생 관리자는 나다. 쉬고 상한 음식을 미련 없이 버려라. 녹슨 삶도 과감하게 긁어내라. 신선한 재료로 내 인생의 요리를 다시 시작해라. 그 안에 온갖 다양한 양념들을 솔솔 뿌려 새롭게 시작하라고! 빠져나온 나는 나에게 들어가며 그렇게 말했다.

저녁을 먹으며 남편에게 싱겁다고 잔소리한 것이 미안해서 겸연쩍게 웃으며 남편에게 물었다.

"달달한 여보!"

"나는 무슨 맛을 내는 사람일까요?"

"짠맛?"

"ㅎㅎ 웃으며 단짠? 천생연분이었네."라고 말하며

"기왕이면 인생을 수리할 때 조미료 1ts을 넣어요."

추석 이대로 좋기만 할까

세상은 급속도로 변하고 있다. 결혼 후 35년 동안 우리 집 추석명절은 단 한 가지도 변하지 않았다. 왜 제사문화는 옛 음식을 그대로 해야 되는 것인지 모르겠다. 실제로 조상님들이 제삿밥을 드시러 오신다고 믿는다면, 매번 같은 음식으로 한가득 차려놓기 보다는 살아생전에 즐겨 드셨던 것이나 새로운 것으로 올려야 되지 않을까?

그런데 하물며 집집마다 제사상에 올라가는 음식이 거의 비슷하기까지 하다. 왠지 올해는 처음으로 추석명절도 작은 절기의 명절처럼 가는 것도 그다지 나쁘지 않겠다는 생각을 하게 되었다.

과거에는 정월대보름, 한식, 단오, 백중, 동짓날 등도 행사가 컸던 것으로 알고 있다. 현재로 올수록 그런 것들은 점점 존재가 없어지고, 이제는 '추석'과 '설' 만 큰 명절로 남아있다. 이제는 그 큰 두 명절마저도 일 년에 한 번으로 줄어들 기미가 보인다. 나 역시 '설' 만 큰 명절이 되면 어떨까? 추석처럼 절기의 관습으로 내려오는 명절의 의미보다 1년을 무사히 함께 잘 보내게 된 것에 감사하고 또 한 해도 건강하게 잘 살아 보자는 의미에서 말이다.

 요즘 젊은이들이 옛 어른들과 같은 의미로 추석을 알고나 있을까? 한 해의 풍작이 된 햇곡식, 햇과일로 음식을 만들어 조상님께 제사를 지내고 가족, 친지와 마을사람들끼리 나눠 먹었던 그 풍습으로? 이웃끼리 나누어 먹는다? 개념조차 없지 않을까? 먹을 것이 귀했던 옛날과 다르게 요즘은 특정한 날이 아니더라도 먹고 싶은 음식을 때와 장소를 불문하고 마음껏 배달시켜 먹을 수 있으니 추석의 음식도 특별할 것이 없다. 오히려 추석날 치킨집은 더 잘 된다고 한다.

 추석빔이라는 의미를 알까? 내가 어렸을 적에는 부모님이 추석날 아침에 입을 옷을 미리 사놓으셨다. 나는 그 옷을 펴보고 입어보기를 수차례하며 추석날을 손꼽아 기다렸다. 그 시절에는 장날이나 되어야 곡식을 판돈으로 옷을 사다 입히는 집이 많았다. 아무리 급해도 곡식이나 채소가 자라 수확을 하기까지 기다려야만 했다. 하지만 현재는 어떤가? 입을 것과 먹을 것 등을 카드로 선 구매는 물론, 인터넷쇼핑으로 로켓배송, 하루배송, 새벽배송이 되는 시대이니 추석빔은 더욱 생소할 것이다.

환갑을 넘긴 나에게도 추석이란? 부모님이 지내는 제사에 전 부치러 시댁에 가는 날, 부모님께 용돈 드리는 날, 귀성차량으로 도로가 막히는 날 정도로만 생각하며 살아왔다.

그나저나 시어머님은 예나 지금이나 추석송편을 한 말도 넘게 혼자서 해 놓는다. 식혜도 잔뜩 만들어서 자식들은 물론 이웃사람들과 나누어 먹는다. 그렇게 손수 해 놓고 그 수고를 인정해 주는 것을 무척 기뻐하신다. 먹을 때마다 "고생하셨어요. 수고하셨어요. 너무 맛있어요."를 진심으로 말하지만, 며느리인 나의 마음은 늘 편치가 않았다. 이제 연로하시니 그만 하라고 해도 못 말린다. 매년 "이제는 준비하는 일이 어려워. 너무 힘들어."라고 한다. 추석이면 송편과 식혜를 꼭 먹으라는 법이 있는 것처럼, 했던 대로 해야만 좋으신가보다. 이젠 정말 그만 하셔도 될 것 같은데….

남편이 정년퇴직을 하고 나서도 좋은 인연으로 맺어진 분들과는 추석과 설날이 되면 서로 가벼운 선물과 안부를 나눈다. 직접 찾아가 안부를 전하는 곳도 있지만 어느 해부터는 택배로 대신한다.

농경시대에 추수한 곡식으로 만든 음식을 서로 나누어 먹던 풍습이 현대로 와서는 택배로 둔갑한 것은 아닌가 싶다. 그리고 직접 만나 얼굴을 보고 안위를 묻기보다 대부분 문자나 카톡으로 대신한다. 오히려 그것이 더 부담이 없고 편한 세상이 되었다. 어떤 이는 그것도 귀찮은지 모르는 사람과 묶어서 단체로 보내기도 한다.

습관처럼 서로 주고받는 선물과 안부도 몇 십 년을 하다 보니, 그 의미에 대해서 다시 생각하게 된다. 요즘 젊은 사람들은 불필요한 선물은 받는 즉시 당근에 내놓기도 한다고 한다.

추석이면 여전히 귀성 풍습은 남아있어 수많은 사람들이 고향의 부모님이나 시·처가에 인사를 가기 위해 몇 시간씩 고속도로에서 시간을 낭비한다. 부모님의 안부나 고향을 찾을 기회도 짚신을 신거나 말을 타고 다니는 시대도 아니고, 전화가 없어 연락을 자주 못하는 시대도 아니지 않은가! 실시간 영상통화는 물론 동영상과 사진을 찍어 바로바로 보내는 시대에 살고 있다. 굳이 명절날 꼭 고향에 부모님을 뵈러 가야만 한다는 관념에서 벗어나면 어떨까? 시가지에도 명절 며칠 전부터 도로가 복잡하고 막힌다. 그뿐이랴, 아파트 엘리베이터에서도 부지런히 오르락내리락하는 택배기사님들을 만나는 날이면 심호흡이 필요하다. 오죽하면 배달의 민족이라는 수식어까지 붙었을까!

택배 쓰레기는 어떤가?

※김 50장= 5장씩 두터운 비닐봉지 10장에 소분+회사 종이박스+택배박스+박스봉합테이프+스티커

※갈치=두 토막씩 플라스틱 용기 10팩 소분+진공 랩+두터운 비닐로 한 번 더 진공+아이스박스+바닥에 비닐깔개+아이스 팩 2개+아이스박스 테이프+스티커

백화점 선물은 거기에 한 술 더 한다. 차별화를 두는 건지 쓸데없는 보냉가방 또는 보자기에 싸서 온다. 선물 한 가지에 이중삼중 포장으로 분리수거 해야 할 쓰레기가 산더미다. 황당2+이다.

추석도 작은 명절로 풍습을 바꾸어 자동차 매연과 쓰레기양도 줄여서 '그린세상'을 만드는데 일조하면 어떨까.

이제 겨우 30대인 내 자식들이 벌써 '라떼는 말이야' 라며 이야기하는 것을 들었다. 아니, 너희에게 라떼가 있다구?

⭐

고생하셨어요

수고하셨어요

너무 맛있어요

이제 그만하셔도 될 것 같은데

헉! 기가 막혀 웃음이 나왔다.

'라떼는 말이야'

'동방신기 콘서트를 따라 전국을 돌아다녔지.'

'피켓도 손수 만들고 CD도 사서 들었지.'

'요즘은 bts 따라다니나요?'

LED전광판, 멜론, 벅스, 유튜브 전성시대로 증거를 댔다. 말문이 막혔다.

우리 아이들이 '라떼는 말이야' 라고 말한다면 나는 꼰대 중에 중위권이고, 우리 부모세대는 상위권. 그러니 추석의 개념도 세대 간에 얼마나 격차가 벌어져 있을까? 상위권으로 갈수록 과거의 풍습이나 경험만 고집하고 세대별 차이를 등한시하며 강요하는 경향이 심하다고 하지 않나? 꼰대라는 수식어가 따라붙지 않도록 젊은 세대의 문화를 발빠르게 따라가기는 쉽지 않겠지만 적절히 받아들이고 이해해야 할 것 같다. 그래서 차별화된 추석의 개념과 그 외의 것들도 세대 간의 격차가 좁혀지기를 서로 노력했으면 좋겠다.

세상살이가 옛날보다 분명 편하고 쉬운 것 같으나 갈수록 더 어렵고 복잡하다. 하지만 마음만큼은 〈브런치〉의 작가 호사가 강조하듯 포스트잇처럼 가볍게 살고 싶다.

36. _____ 앨범을 _____ 안 샀다

'라떼'는 왜? 그랬는지 모르겠다. 중학교 월말고사를 보면 1등부터 꼴찌까지 현수막에 등수를 써서 교내 복도에 붙여놨었다. 성적표도 본인에게는 물론, 선생님이 가지고 있어야 할 법한 과목별 점수와 반과 전교 석차가 적혀 있는 것을 그대로 프린트해서 모든 학생들에게 똑같이 한 장씩 나누어 주었다. 지금은 절대 있을 수 없는 일이지만.

그때는 개인별 성적이 낱낱이 공개되어 프라이버시를 망쳐 놓는 것에도 불만도 표하지 못하고 당연히 받아들였다. 공부를 못하는 학생은 바나나 껍질 밟히듯 자존감이 완전히 미끄러져도 감내해야만 했다. 그뿐만 아니라, 과목마다 선생님이 정해 놓은 점수에 미치지 못하면 본인 점수에 비례하여 매를 맞기도 했었다.

그런데 이상한 일은 달리기를 꼴찌 했다고 매 맞는 학생은 없었다. 달리기에도 일등부터 꼴찌가 있듯이 공부도 달리기랑 같은 것 아닌가 말이다. 공부도 잘하는 애도 있고 못하는 애가 있기 마련인데, 왜 선생님들은 하나만 알고 계셨을까?

본인의 실력대로 점수를 받은 것인데, 선생님의 의도에 못 미쳤다고 매까지 들었으니 못했던 학생들은 얼마나 상처가 많았을까. 분명 1등이 있으면 당연히 꼴등도 있기 마련이다. 아마 지금 같았으면 학부모들이 들고 일어날 사회문제이지 않겠는가. 선생님의 회초리 의미는 충분히 알겠지만, 왜? 모든 학생이 모두 점수가 잘 나와야만 되었던 것인지, 타임머신을 타고 학창시절로 돌아가 보면 은근 화가 나는 일들이 많다.

그 시절에 내가 얻은 성적은 앞에서부터 찾기도 어렵고 뒤에서부터 올라가도 찾다가 지쳤다. 가운데쯤 어딘가에서 쭈그러져 있었겠지.

라떼는 대학 뿐 아니라 고등학교도 시험을 보고 들어갔다. 실력이 어중간해서 기죽어있던 나는 공립이 아닌 초·

중·고교가 함께 있는 사립학교에 들어가게 되었다. 복도는 반질반질한 대리석으로 깔려 있었고, 교실은 초록색 타일로 책상과 의자는 고급 원목이었다. 모든 학교가 거의 재래식 화장실이었을 당시 우리 학교는 수세식 화장실로 복도 한가운데에 있었고 바닥도 모자이크 타일로 깔려있었다. 다른 학교 아이들이, 그 학교는 화장실에서 도시락을 먹어도 된다는 소문까지 있을 정도였다. 시청각실과 음악실이 층계 식으로 영화관처럼 되어있었고, 무용실, 요리실도 따로 있었다. 특이한 것은 전교생이 지하실을 통과해야만 각자의 교실을 들어갈 수 있었다. 왜냐하면, 전교생의 신발장이 모두 지하실에 배치되어 있었기 때문이다. 더구나 여고시절 3년 동안은 3개월씩 돌아가며 경험하는 특별활동프로그램이 있었다. 자전거배우기, 여름방학 때 수영강습 받기, 요리실습, 오르간배우기, 가야금, 타자 등…. 여고를 졸업한 지 가물가물하지만, 특별활동 시간은 생생하게 남아있다. 학교시설은 아마 지금 새로 짓는 학교와 비교해도 손색없을 것이다.

그러나 그 무렵, 나는 여고에 입학 하자마자 맥이 쭉 빠졌다. 초·중·고교가 같은 건물에 있다 보니 공부 잘하는 애들은 장학금을 주며 계속 올라오게 했다는 소문이 있었다. 입학시험에서 우수한 추가학생을 뽑아 40명 정도의 특수반을 만들고 나머지 1반~6반까지는 60명씩 반이 나누어져 있었던 것이다. 당연히 나는 1반~6반 틈에 끼어있었다. 나는 나와 성적이 비슷한 아이들이 우리학교를 올 것이니만큼 비슷한 애들과 경쟁하며 잘 해보려는 각오를 가지고 있었다. 그런데 지금으로 말하자면 금수저와 흙수저를 학교선생님들이 미리서 완벽하게 갈라놓았으니 실망이 컸던 것이다. 입학을 하자마자 차별대우를 받는다는 느낌이 들어 선생님들을 신뢰하고 싶지 않았다. 어린마음에 말없이 다시 쭈그러질 수밖에 없었다. 나만 그랬을까? 다른 친구들과는 거기에 대해 어떤 대화도 깊게 해본 적이 없었다.

'라떼'는 그런 식으로 했던 학교가 많았다. 그래서 일단 학교는 재미있지 않았다. 하지만, 학교를 오고 가는 일들은 재미있었다. 아침에 집을 출발하여 석탄가게 앞을 지나면 아버지와 절친하신 사장님이 언제나 웃는 얼굴로 반갑게 인사를 받아주었다. 조금만 내려가면 교회가 있었다. 교회 담벼락을 스치며 지나가노라면 지붕위의 철탑십자가에서 땡땡~땡 종소리와 함께 찬송가가 울려 퍼지며 떨구어진 고개를 일으켜 하늘을 바라보게 해주었다. 종소리와 함께 그 시간대에는 골목골목 이 모양 저 모양의 교복 입은 학생들이 버스정류장에 모여들었다.

　지금도 불현듯 떠오르는 어떤 남학생. 왜? 잘못도 없는데, 고개를 들지 못한 채 항상 그 정류장에서 만나게 되었을까. 우연이었으리라. 내가 늦는 날도 있었다는 것을 생각하면 착각은 아침을 여는 쇠고기스프와 같았다.

　비좁은 만원버스는 안내양의 호루라기로 소리로 출발하여 대전역 앞을 통과하고 충남도청 앞에서 내려 걸어갈 때는 우리학교 교복 입은 애들과 같은 방향을 바라보며 끌려가듯 바쁘게 걸어갔다. 교문을 지나 오르막길에서 지하실입구에 다다르면 〈버블티〉의 펄을 빨대로 흡입하듯 지하실로 모든 애들이 딸려 들어갔다. 그 이후로는 시간과 시간을 알리는 음악소리만 날 뿐이었다.

　1학년생의 교복은 도포자루처럼 커서 내 마음에 전혀 들지 않았다. 학교에서 사이즈를 재어 어딘가에서 단체로 교복을 만들어 와서 나누어주었다. 나는 모양새에 예민하여 마음에 안 든 교복을 양장점에 가서 적당히 맞게 품을 고쳤다. 조숙했던지 교복이 딱 맞아선지 2학년 취급을 받은 것이다. 1학년 동급생들이 복도에서 만나면 고학년언니인 줄 알고 인사를 하는 애도 적잖게 있었다.

　머릿결은 새털처럼 가늘고 반 곱슬이다. 곱슬머리라 말

려들던지 뒤집어지면 완전 짱구 같아서 세심한 관리를 요하는 머리스타일이었다. 그래서 까만 뻬쩍 머리결을 무척 부러워했다. 곱슬머리를 열심히 관리하다보니 멋을 부리는 줄로 착각되어 생활지도선생님에게 여러 차례 걸려 찍힌 것이다. 한술 더 떠서 지각해서 걸리고, 줄여 입은 옷 때문에 걸렸다. 조심은 했지만 결국 지각을 또 하게 되어 불량학생처럼 이름이 5회까지 적히게 되었다. 생활지도선생님께 불려가 혼이 났다. 그래서 그 선생님과는 가까이 하기엔 먼 당신이 되고 말았다. 지금 생각해보면 촌티 나게 하고 다니는 것을 못 참는 내 취향을 간섭했던 학교의 잘못이지, 지각 한 것 빼고는 그다지 잘못한 것도 없는 것 아닌가 싶다.

'라떼'에는 점심을 먹고 난 후에는 어린이집도 아닌데 오침시간이 있었다. 책상, 걸상을 뒤로 밀고 40분~1시간정도 낮잠을 자고 일어나 청소를 하고 오후수업을 했었다. 아침 형이 아닌 나는, 오전에 비실비실 하다가 점심이후에 정신이 차려지는 애였다. 남들은 조용히 자는데 두 눈이 말똥말똥 했지만 눈을 뜨고 있어도 안됐다. 선생님들이 왔다 갔다 하며 안 자는 사람을 잡아 혼냈기 때문이다. 눈만 감고 있으려니 시간도 길어지고 머리만 아파서 일어나야 했다. 그리고 바로 청소를 시작했다.

어이없이 내 머리가 가장 말똥말똥 할 때에는 공부가 아니라 자야했고 청소를 해야 했다. 정말 여러 가지가 내게 맞지 않았다. 어쩌면 나는 지금 세대와 잘 어울릴 애가 아니었을까 싶다.

'라떼'는 서울로 대학을 얼마나 많은 학생을 보내느냐에 따라 학교인지도평가를 받았었는지, 학교끼리 경쟁이 무척 심했던 것 같다. 학교마다 in 서울대 반을 만드는 것이 관행처럼 뿌리박혀 있었다. 특수반은 방과 후에도 따로 공부를 가르쳤다. 수업료를 더 냈는지는 모르겠다. 그러면서 '너희는 이 학교의 꽃이라고, 학교의 명예를 위해 열심히 공부해야 한다.' 라고 말하지 않았을까! 물론 나의 생각이다. 그럼 나머지 학생은 들러리란 그 생각에 머물러 3년 동안 자존감은 말린 야채처럼 쪼그라들었던 것이다.

하지만 갑갑했던 학교에서도 재미있는 일은 있었다. 3년 동안 합창부에 들어가 대회도 나가는 등 열심히 활동을 했다. 그러던 3학년 말쯤 이었던가? 늦게까지 당번 일을 마치고 아무도 보이지 않는 3층 교실에서부터 '비목' 노래를 부르며 내려왔다. 노랫소리는 텅 빈 복도를 꽉 채우며 1,2,3층까지 울려 퍼졌다. 공간에 부딪치는 음향이 너무 좋아서 스스로 발동이 걸렸다. 바이브레이션을 최대한 살려 더 큰 소리로 부르기 시작했다. 3층이라서 누군가 보는 애들도 없을 것 같았고 중간 층계에 섰을 때는 마치 세종문화회관에나 서있는 착각으로 수 백 명의 관객 속에 파묻혔던 것이다. 이어서 '또 한 송이의 나의모란' '선구자' 등 몇 곡을 계속 부르며 내려왔다. 나는 지하실의 신발장으로 내려가기 위해서는 교무실 앞을 지나가야 했었다.

그런데 으아! 원수는 외나무다리에서 만난다는 것이 바로 이 순간. 웃어야 할지? 울어야 할지? 1층 교무실 앞에 바로 그 생활지도 선생님이 층계를 향해 누가 내려오는지 기다리고 서계셨던 것이다.

순간, 선생님은 피식 웃으며 교무실로 들어가셨다. 감동이었다는 건가? 그때 혼낸 것이 미안하다는 건가? 나도 피식 웃음의 바이러스가 전염되어 입술꼬리를 올리고 말았다. 하지만 이미 앨범은 마감이 된 후였다.

컴퓨터가 처음 나왔을 때의 일이다. 컴퓨터자판 위에 손을 올려놓는 순간 모음 자음에 손가락이 자동으로 움직이고 있었다. 어! 컴퓨터를 처음 만져보는데, 왜? 손가락이 잘 따라가지. 여고시절 특별활동시간에 타자를 쳐봤던 것을 손가락이 기억하고 있을 줄이야! 어른이 되어 수영을 배우러 다녔을 때도 자전거를 배울 때에도 몸은 여고시절 특별활동시간을 기억하고 있었다.

　며칠 전 여학교동문에게서 전화가 왔다. '여고동문회합창단을 창단하는데 네가 필요하다며 와 줬으면 좋겠다고…'

　타이머신을 탄 나는, 그때 나에게 이렇게 말했다. 이젠 잊어. 그리고 합창단에 나가♡

37. 추어탕 집에서 생긴 새로운 노선

일상이 묶여 집콕으로 지낸 지가 2년이 넘었다. 〈펜데믹〉에서 코로나 이전으로 다시는 돌아 갈 수 없다는 절망감이 점점 커졌다. 하루하루 코로나 확진자 수를 검색하며 불안함 속에 갇혀 살았다. 그렇게 자유롭지 못한 삶 속에서 철저히 거리두기를 하면서 풀릴 날 만을 고대하며 살았던 나날이 아니었나싶다. 잘 견디며 살아가고 있는 우리 모두에게 서로를 위해 격려하고 박수 받아 마땅하다는 생각이 들었다.

그런데, 지루할 것만 같았던 나의 일상은 추어탕 집에서부터 새로운 노선이 생기기 시작했다.

"저는 선생님이 형님 같으시구 부담 없어유."

"한 번 만나나 봐유. 아이구! 진짜라니께유."

『요리를 통한 확실한 행복』의 저자인 요확행님에게 〈팬데믹〉 세상이 되기 훨씬 전에 들었던 말이다. 하지만, 나는 자신도 없었거니와 걱정이 앞서서 선생님을 만나 뵐 용기가 없었다. 왜냐하면 요확행님을 통해서 20년 전에 문학동아리에서 출간한 시집과 10년 전에 써 놓았던 몇 편의 수필을 안면조차 없는 선생님에게 보여드렸기 때문이다. 마음속으로는 정말 작은 싹이라도 보이는지 평가를 받고 싶었다.

그 글을 보신 선생님은 요확행님 편에 메모지 한 장을 딸려 보내주었다.

※이 글은 2010년(10년 전)에 쓴 글

◦ 그 후 더 발전을 했는지?
◦ 책을 많이 읽고 있는지?
◦ 글을 쓰고 싶은 이유는 무엇인지?

메모지를 보는 순간, 얼굴이 화끈 닳아 오르며 창피하고 후회스러웠다. 내 글이 왜 형편없다는 메시지로 다가왔는지! 괜히 보여드렸다싶은 생각이 왈칵 들었다. 왜냐하면

10년이 지난 그 이후 나는 별로 발전이 없었다. 책도 많이 읽지 않았으며 글을 쓰고 싶은 이유도 특별히 없었기 때문이다.

내 주제에 글은 무슨 글을 쓴다고… 들떴던 마음은 바람 빠진 풍선처럼 푸석 꺼지고 말았다. 하지만 욕망 또한 부풀어 올랐다. 짧은 인생에서 그대로 포기를 한다면 왠지 많은 후회로 남게 될 것 같았다. 시간이 지날수록 문학에 대한 갈망과 아쉬움도 커갔다. 스스로 시작할 용기는 없었고, 누군가가 뒤에서 힘껏 떠민다면 못이기는 척 억지로라도 떠밀리고 싶은 심정이었다.

그러고는 몇 개월간 잊고 있었을 즈음 요확행님으로부터 전화가 왔다. '월송' 선생님과 추어탕 집에서 점심식사가 있는데 한 번 뵈려면 식당으로 오라는 것이었다. 코로나를 핑계로 생각을 좀 해보겠다고 이번에도 또 한발을 뺐었지만, '아, 증말로 괜찮다니께유.'라는 요확행님의 말에 용기를 냈다. 그동안 말로만 듣던 선생님을, 뜻을 같이한 아우 같은 향미와 함께 만나게 되었던 것이다.

선생님은 하얀 머리에 편안한 점퍼 차림으로 배낭을 메고 오셨다.

"밥집이니 우선 밥부터 맛있게 먹읍시다."라고 하시며 우리를 편하게 해 주었다. 하지만 낯선 탐이 심한 나는 어려운 질문이라도 할까봐 내심으로 불안했다. 식탁의 가스불 위에서 끓고 있는 뚝배기처럼 얼굴이 화끈거렸다. 펄펄 끓는 추어탕을 한 숟가락씩 뜰 때마다 후~후 불며, 그 사이사이 닳아 오른 얼굴을 살짝살짝 식혔다. 다행히 별 말씀을 하지 않아서 추어탕이 식듯 불편했던 마음도 조금 차분해졌다.

우리는 커피숍으로 자리를 옮겨 정식으로 인사를 나누었다. 선생님은 자체가 문학이신지, 바로 문학에 관한 이야기로 시작을 했다. 수업을 하는 내내 나는 겁먹은 고양이 마냥 움츠리고 앉아 말 한마디도 못하고 꿀단지만 끌어안고 있었다. 처음 듣는 작가나 소설·시 이야기도 알아듣는 척, 표정관리를 하며 나는 연신 고개를 끄덕거렸다.

향미는 다음 수업이 있을 것을 예측이라도 하듯 회사 대표답게 설명을 놓치지 않고 열심히 메모를 했다. 나도 꿀단지를 내려놓을까도 했지만 그것마저도 뒤늦게 볼펜을 꺼내려니 멋쩍었다. 오늘은 굿이나 보고 떡이나 먹을 심정으로 조용히 선생님 머릿속을 들락거리며 앉아있었다. 우리에게 과연 after(가능성)를 하려나?

젊었을 적에도 대들지 못한 글쓰기를 이 나이에 이 실력으로 할 수 있을는지, 아니면 오히려 속을 드러낼 용기가 있을 것인지. 이번 기회를 놓친다면 영원히 끝이라는 생각에 귀는 열어 두었으나 머릿속은 딴 생각으로 꽉 차 있었다.

  90분을 정해놓고 수업을 시작했지만 2시간이 넘도록 시간 가는 줄 모르게 이어졌다. 선생님은 수업을 마치고는 내게, 왜 공부를 계속하지 안했냐며, 10년 전의 글이 나쁘지 않았다고 했다. 그 순간 나는, 환자의 죽을병이 오진이었다는 의사의 말을 들은 것처럼 불꽃놀이 화약이 하늘 높이 쏭~ 따다다다 터지는 것만 같았다. 2시간 동안 끌어안고 있었던 꿀단지를 놓칠 뻔 했다. 그날 추어탕 집에 나가지 않았더라면, 나는 그 메모지에 대한 오해를 영원히 가지고 갈 뻔했던 것이다.

  긍정적으로 평가해주신 선생님의 말씀에 고래가 칭찬에 춤을 추었던 것처럼, 내게 갇혀 있던 글감들도 갓 태어난 아기고래가 꼬리를 흔들 듯 하는 게 아닌가! 순간적으로 봉숭아 씨앗이 톡톡 터지 듯 글감들이 톡톡 튀며 쏟아져 나왔다. 그 중 예쁜 글들은 벌써 아지랑이를 타고 너울너울 춤을 추었고, 어떤 글은 나비를 따라 먼 곳까지 날아가는 것 만 같았다.

  '인생이란 늘 지금부터야. 그리고 아침은 반드시 내게 찾

아와. 그러니 약해지지 마.'

　세계 최고령 90살이 넘은 나이에 시인으로 데뷔한 〈시바타 도요〉가 떠올랐다. 그녀가 90살이 넘어 시작해 쓴 첫 번째 시집『약해지지 마』는 베스트셀러가 되어 일본에서만 150만부 이상 팔렸다고 한다. 〈시바타도요〉는 세상을 떠났지만, 60살이 넘어 힘없이 축 처져 있는 나에게 큰 용기를 불어넣어 주었다.

　그날 이후, 선생님이 준 메모 중에 '글을 쓰고 싶은 이유가 무엇이지?' 에 대한 해답이 분명해졌다.

　그날 밤 꿈속에서 허허로운 내 마음의 깊은 곳에 조그만 꺾꽂이 하나가 꽂혔다. 작은 움이 하나 보이더니 싹이 트고, 나뭇가지에는 흰 뿌리 몇 가닥이 내렸다. 뿌리내린 꺾꽂이는 봄, 여름, 가을, 겨울을 지내며 한그루 포도나무로 자랐다. 줄기가 길게 뻗더니 꽃을 피우고 낮에 날아갔던 나비가 포도밭으로 와 앉았다. 내년에도 잊지 않고 오겠다는 약속하고 날아간 자리에는 예쁜 포도열매가 알알이 맺혔다. 그 포도는 어두운 오크통속에서 '도요타 시바 꿈' 을 꾸고 있다.

불러도 대답 없는 엄마

 엄마는 우리에게 서운한 것이 무척 많았던 것 같다. 우리가 찾지 못하도록 주소도 가르쳐 주지 않으신 채 홀로 꼭꼭 숨어 사신다. 엄마가 보고 싶어서 찾아 간다고 슬피 울며 애원해도 오지 말라고 하신다. 넉넉하지는 않지만 마음은 편하다 하시며 다른 사람을 통해서만 소식을 들을 수 있게 해주신다. 나는 애간장이 탄다.

 자식들과 함께 있는 것 보다 거기가 더 좋다고 하시니, 우리가 오죽 못했으면 저러실까하고 나는 눈물이 난다. 가출 신고를 너무 늦게 한 것이 화근일까. 엄마가 오랜 기간 집을 찾지 못하고 헤매셨던 것이다. 우리 4남매는 왜?

엄마를 늦게까지 찾아 나서지 않고 있었는지! 일이 바쁘다는 핑계로 내 안위만을 위하여 이기적으로 살았다. 용서를 빌며 매달려 보지만 체념하신 듯 우리와 정을 떼시려고 일부러 사랑도 안 주시고, 엄마는 괜찮으니 걱정 말라 하신다. 돌이킬 수 없는 안타까움에 후회를 하며 꿈에서 깨어나면, 온 몸에 힘이 빠져 넋 나간 사람처럼 주저앉아 일어설 기운조차 없다.

'후유~! 엄마는 하늘나라에 가셨지!' 하며 꿈속에서 간신히 빠져 나오지만 못 다한 효도에 가슴을 쓸어내린다.

왜? 또? 슬프고 우울한 거 싫어하잖아! 날숨이 막무가내로 마음을 달래 보지만 들숨을 이기지 못한다. 들숨에는 엄마의 슬픈 살아생전이 가득하다. 엄마가 행복해 하셨던 때보다 고생하셨던 장면들이 자꾸 꼬리에 꼬리를 물어낸다.

어릴 적 학교에서 돌아와 엄마가 안 보이면 '엄마~! 엄마~!' 엄마를 찾던 소리가 귓가에 울린다. 평상시에도 불쑥불쑥 엄마가 생각날 때면, 엄마는 '왜 울어~!' 울지 말라고 날숨 따라 기체가 되어 나가신다. 돌아가신 후에도 자식의 마음을 챙기시는 것 같다.

일속에 파묻혔던 엄마는 내가 되고, 일 하기를 게을리 하는 내가 엄마였으면 좋았을 것을! 그랬다면 엄마의 육신이 그렇게 아프지는 않으셨을 텐데…. 엄마가 맘 편히 쉬고 계시는 것을 몸이 모두 망가져 더 이상 쓸 수 없고 나서야 보았다. 엄마의 일생을 지금 시점에서 바라보니 가슴이 저리다. 엄마의 일상 안에 삶의 여유라는 게 있었을까! 자식은 왜 부모님이 살아계시는 동안에는 요구하고 핑계만 대다가, 돌아가신 후에야 절절히 생각을 하게 되는 건지! 지금 만큼이라도 엄마 마음을 알아 드렸더라면 엄마가 덜 힘드셨을 텐데….

그래도 엄마는 늘 '네가 있어 좋다. 너 없으면 어쩔 뻔 했니.' 라고 말씀하셨지만 지금 생각해보면 턱없이 작았다. 너무 미안해서 요즘에도 자꾸 꿈을 꾸나보다.

부잣집인 줄 알고 시집와서 넉넉지 못한 살림을 일으키셨던 엄마. 나 낳고 미역국 실컷 먹어 보는 것이 소원이셨다던 엄마. 딸 둘 낳고 아들을 늦게 가져 심하게 마음고생 하셨던 엄마. 약하셨던 아버지 건강을 완전히 회복 시켜 놓으신 엄마. 평생 게으름 한 번 못 피우신 엄마. 효부상은 받으셨지만 시부모님 모시느라 천사의 눈물꽃처럼 잎사귀 귀퉁이에 숨어서 기 한번 제대로 피지 못한 채 살다 가신 엄마. 일평생 수많은 일들을 일구어 내시느라 얼마나 많은 고통을 참아내셨을까! 가슴이 아리다. 효부상만 받지 않으셨어도 고생은 덜하셨을 텐데.

'내가 효부상을 받으면 늬들한테도 좋잖으냐?'며 끝까지 자식들 생각만 했던 불쌍한 우리엄마!

눈에서 눈물이 고인다. 엄마와 함께 즐거웠던 추억을 떠올리려 해도 내 마음에는 왜 슬픈 추억만 가지고 있는지 모르겠다.

엄마! 생각나?

내가 갑자기 허리 아파서 병원에 입원했을 때 아버지랑 한걸음에 달려 오셨잖아?

아버지는 깔끔한 차림으로 오셨는데 엄마는 파란 슬리퍼에 몸빼바지 걸치고 부스스한 파마머리를 하고 오셨던 거? 그때 말은 못했지만 교회집사님들이 왔을 때 조금 창피 했었어. 아버지가 눈치를 채셨는지 놀렸잖아?

'네 엄마는 제비한테 인기가 일등이다. 머리에 제비집을 서너 채는 지었다.' 고 하시니까 엄마가 화를 내시며 '저이는? 내가 경애를 보니 정신이 들었지, 아까는 환장하는 줄 알았어. 머리를 빗을 정신이 어딨어유. 했던 거?'

놀래서 단숨에 달려온 엄마의 그 깊은 마음도 모르고 내가 미안했어, 엄마.

엄마! 생각나?

동생네가 엄마 집으로 들어올 때, 엄마 비상금 털어서 TV부터 거실장, 소파, 식탁 등 모두 바꿔줬던 거. 그때 내가 엄마한테 돈 됐다 뭐하냐며 이럴 때 쓰라고 하며 좀 짜증내듯 말했었잖아. 딸이 갑자기 왜 저러나 하고 놀랬었지? 엄마가 당황 하는 거 알면서 모르는 척 했었어. 동생네한테 미안한 맘이 들더라고. 그래서 그랬었어. 엄마! 그것도 미안해. 용서해 줘, 엄마!

엄마! 생각나?

아버지가 몇 차례 병원에 입원했을 적에 엄마가 항상 병간호를 했었지. 매일 가보면 엄마는 다른데 가서 계셨잖아? 다른 환자나 보호자들과 놀고 계셨던 거.

아버지는 그럴 때마다 웃으시며 '간병인이 빵점이다' 하면 엄마는 화내며 '어머, 저이는! 금방 나갔다닝께. 쿨쿨 코 골면 나는 뭐햐! 나가지.' 하며 도리어 핀잔했던 일. 그럴 때 우린 다 같이 소리를 내며 웃었지? 아버지가 누우시면 코 고는 것쯤은 우리 모두 알고 있으니까.

엄마! 또 생각나.

임실호국원에 아버지한테 가면 옆에 비석들을 두리번두리번 거리며 이름 읽고 다니셨던 거.

'얼래 바로 옆에 나랑 같은 고씨가 있네' 하며 반가워 했었지? 남동생이 '울 엄마 임실호국원 가호조사 아마 한 달도 안 걸리실 걸.' 그때도 우리는 많이 웃었었지? 그 생각이 나서 임실호국원 갈 때마다 이웃에 마실 나가셨을 엄마를 부르며 엄마~!엄마~! 하며 올라가지.

엄마가 초등학교 다닐 적에 학교대표로 달리기 선수로 나갔던 실력을 가끔 우리에게 자랑 많이 하셨잖아. 내 목소리를 들으시고 숨차게 뛰어 오실 엄마를 생각하며 돗자리 펴놓고 앉아 기다려. 그런 후 엄마와 아버지가 좋아하셨던 커피랑 피자랑 펴놓고 먹고 오지. 엄마! 다 알고 있지?

살아생전에도 모르는 사람과도 친화력은 일등이신 우리엄마!

주위 사람들과도 잘 지내고 계시겠지?

그리고 아버지 자랑만 하고 다니셨잖아. 거기서도 그래서? 아무튼 엄마는 아버지 안 계시면 어쩌신대.

엄마! 엄마가 치과치료를 마치면 둘이서 자주 갔었던 도가니탕 식당에 가자고 했었잖아. 겉절이랑 실컷 먹고 싶다고. 결국 못 갔잖아?

엄마 생각나서 그 이후로 나는 도가니탕 안 먹는다. 에구, 또 눈물이 고이네.

엄마! 나에게 엄마랑 아버지가 손잡고 예쁘게 웃으며 천국 나들이 하는 것 같은 사진이 있더라고. 그 사진 볼 때마다 기분이 너무 좋아 엄마. 지금 아버지와 그렇게 계신 거 맞지? 그럼 안심!

엄마! 아버지랑 호국정원에 소풍 나와 즐기는 꿈꾸고 싶어. 엄마가 활짝 웃고 재미있게 있는 꿈 말이야. 다음 꿈에는 꼭 예쁜 그런 모습으로 나타나 줄 거지?

으뜸길에 핀 꽃님이들

 조치원 으뜸길에는 인사동 쌈지길을 연상하게 하는 골목 동네가 있다. 철 대문을 열면 바로 앞집 거실이 보인다. 옆집 마당 담장 위로 빼꼼하게 올라온 빨간 칸나 꽃은 으뜸길 골목을 엿보며 비밀을 공유한다. 음식 냄새도 옆집에 누가 왔는지도 세세히 알린다.

 앞마당 텃밭에 겨우내 덮어 놓았던 비닐을 걷어내면 손바닥만큼 자라난 하루나가 봄소식을 알린다. 구석구석 달래랑 부추도 눈이 녹는 틈을 타 빼꼼히 바깥 공기를 마신다. 정체를 분간하기 어려운 부주깽이랑 취나물도 부스스 몸을 비비꼬며 소복이 올라와 서로 정을 나눈다. 으뜸길을 드나드는 꽃님이들은 그것들을 한 줌씩 캐가는 재미가 있다. 이 예쁜 초록이들이 커가는 것에 흠뻑 빠져 사노라면 어느새 여름이 온다.

마당 한가운데에는 감나무 두 그루가 나란히 서 있다. 한여름 그 그늘 아래 들마루에는 어떤 꽃님이가 와서 도란도란 이야기를 하는지도 알아차린다. 한나절 뜨거운 햇볕 담장 아래에서 늘어지게 졸고 있던 길고양이들도 부스스 낮잠에서 깨어 합세를 한다.

가을이면 단감들이 빨갛게 열리지만 손닿는 곳은 먼저 따먹는 사람이 임자다. 늦가을이 되면 높은 곳에만 감들이 매달려있다. 파란 하늘을 향해 성깃하게 달려있는 감은 모조리 까치의 몫이다. 안집 꽃님이는 당뇨병 때문에 몇 개 먹지는 못하지만, 꽃피는 봄부터 가을 낙엽이 모두 떨어질 때까지 마당을 쓰느라 꼬부랑 등만 보인다.

으뜸길 사람들은 색다른 음식이라도 하는 날이면 꽃님이들 생각이 앞서서 혼자서는 못 먹는다.

주말이면 안집 꽃님이네 집에는 큰아들 내외가 와있다. 칸나 꽃이 이미 큰아들 내외가 왔다고 알렸을 것인데 꽃님이들은 못 참고 서로서로 전화를 한다.

"언넝와유~."

"아녀유, 아들이 와서 밥 먹었는디~."

"그래두 잠깐만 와유~."

"그랴 그럼~."

전화를 끊자마자 머뭇거림 없이 실버카 휙 잡아끌고 후딱 다녀와야 한다. 그런 날 으뜸길 고양이들은 꽃님이들이 끄는 슬리퍼 소리에 같이 따라 나선다.

안집 꽃님이네 집은 큰길가에 있어서 들락거리는 꽃들이 많다. 오다가다 들리는 만남의 장소다. 그중 가장 많이 들락날락거리는 꽃님이는 사라꽃, 떠버리꽃, 수나미꽃 삼총사가 한 팀이다.

"사라네 왔었시유?"

"떠벌네는 일 갔다 왔나?"

매일매일 서로의 안부를 물으며 궁금해 한다. 세 꽃님이는 처음부터 으뜸길에 핀 꽃은 아니었다. 세종시가 커지면서 밀려 고향을 떠나 으뜸길에 새로이 터를 잡은 꽃님이들이다. 신기하게도 모두 홀로 피어있다. 막내 사라꽃은 69세, 떠버리꽃은 '나는 호랑이띠여' 라고 만 한다. 키크니꽃은 80세다.

아주 오래전에 현미꽃(현미집:술집 이름)도 홍남꽃(홍남집:식당 이름)도 으뜸길에서 홀로 피고지고 갔다는 소리를 들었다. 오토바이 가게 단팥빵꽃님이는 3년 전 93세에 요양병원으로 가고, 그 이후 소식이 아예 끊겼다.

안집 꽃님이네 며느리는 자주 으뜸길에 가곤해서 꽃님이들을 만나는 일이 잦다. 그래서 그녀들의 우수수 떨어지는 수다꽃잎을 많이 주워 담는다. 어떤 꽃님이 다녀갔는지도 꽃향기로 다 알 수 있다. 삼총사 꽃님이들은 어렸을 적 이야기부터 석탄 백탄시기의 지질히도 고생했던 이야기며 으뜸길에서 일어나는 모든 소문까지 시대를 넘나들며 수다꽃을 피운다.

"아이구 지랄하구 헛간에서 시작해서 큰아들을 갖구서 말여. 아래로 둘을 더 낳았어. 그러니 워뜩햐. 할 수 없이 결혼했지 뭐여."

부끄러운 이야기도 서슴지 않고 수다꽃을 피울 적에는 내 귀를 막아야 하나? 할 때도 있다. 요양병원에서 요양사로 일하는 꽃님이가 재미있었던 사례를 말 할 때는 '깔깔깔~ 으히히' 광대가 모두 일어나 춤을 추며 눈가와 입가의 꽃주름이 겹친다. 너울너울 주름꽃 잔치를 한바탕 하고 꽃님이 한 명이라도 자리를 뜨면

"나는 그래도 말이여, 내 이름 슥 자는 쓸 수는 있는 디, 떠벌네는 못 쓰는 거 같으드라구. 그러면서 왜 글케 말이

많웅겨, 아주 시끄러워 죽겠어."

"아이고 형님! 뚱뚱하다고 하지 말어유~. 엄청 듣기 싫어해유~. 옷은 많이 사는디 뭘 입어도 좀 그리치유?"

그때부터는 먼저 자리를 떠버린 꽃님이의 뒷담화로 시간 가는 줄 모른다. 안집 꽃님이의 며느리는 으뜸길 꽃님이들의 속사정과 관계 속에서 맺어진 일상들을 속속들이 알고 있는 것이다. 그리고 한 가지를 더 알게 된다. 놀다가 먼저 그 자리를 떠서는 절대 안 된다는 사실을!

안집 꽃님이네 집에 오는 삼총사 (안집꽃 88세, 동갑내기 해동장꽃, 쌀집꽃) 2팀은 병정놀이 팀이다. 그 옛날 으뜸길에서 모두 장사를 하며 맺어진 친구들이다.

눈이 오나 비가 오나 만나면 으레껏 군용담요를 펼친다. 잠자고 있던 병정 1소대(48장+보너스 카드 2장)가 선대장 기분에 맞춰서 우르르 흩어지고 모여를 되풀이하며 하루 종일 훈련을 받는다. 매일매일 쉬지 않고 얼마나 뺑뺑 돌리고 딱딱 때렸는지 시달린 병정들의 빨간 지문이 반질반질하게 빛이 날정도로 닳았다.

"아이구 지랄하네 쌌네. 피박이여, 뭐 햐?"

"얼렁햐."

꽃님이들의 입에 방울처럼 달려있는 말들이다. 안집 꽃님이가 며느리와 병원이라도 다녀오는 날에는 시간을 맞춰 미리 마당 들마루에 앉아 기다리고 있다. 가끔 안집 꽃님이는 피곤을 호소하건만 2팀 꽃님이들은 전혀 눈치를 채지 못하고 있는 것 같다. 1팀과 2팀 중 꽃님이 3송이는 양쪽 무릎연골수술을 한 상태이다. 그리고도 한쪽 발을 쭉 뻗은 자세로 몇 시간씩 병정들과 전투를 치루며 시간을 보낸다.

며느리는 결혼해서부터 전투놀이 (고스톱) 하는 것을 오랜 세월을 보아왔다. 공식으로 선수권 대회라도 있으면 우승컵은 반드시 안집 꽃님이의 손에 주어질 것이다.

으뜸길 꽃님이들의 얼굴은 까만 분꽃 씨처럼 삶의 흔적이 또렷하지만, 마음의 빛깔은 홍색·황색·노랑으로 예쁘게 물들어 있다.

_____ 마음
_____ 치유소

　코로나로 방구석 생활이 몸에 밴 나는 모처럼 승용차로 탈출을 감행했다. 서울 톨게이트가 보이는 순간 그동안 핸드폰 화면에 고정되어 있던 양쪽 광대가 슬며시 올라가며 배시시 웃음이 나왔다. 거북이 등처럼 굳었던 목은 먹이를 찾는 황새처럼 이리저리 쭉쭉 늘어났다. 서울의 높은 빌딩들이 반갑게 마중을 나와 주는 것 같아 은근 기뻤다.

　차창 문을 열고 멀리 롯데타워를 바라보며 한적한 한강의 겨울 공기를 마셨다. 종로로 접어들어 남산타워를 마주하며 동대문을 지나 낙산공원까지 겨울이라 낙산 공원 성곽은 한적했다. 헐벗은 가로수들은 추운 바람에도 꿈쩍

하지 않고 봄을 기다리고 있었다. 주위 예쁜 카페들을 보니 내 마음에도 따뜻한 봄 소리가 곧 들릴 것 같았다. 서울이 처음이 아닌데, 이렇게 반갑고 새롭게 보이다니! 이제나 저제나 했지만 갈수록 억압하는 코로나 방역에 2년이 넘도록 정말 힘들었다는 증거였다.

호텔건물을 지나치는 순간 해외여행이라도 온 것처럼 꿈같은 그리움이 아련하게 밀려왔다. 먼 나라 빨간 지붕들이 떠올랐다. 2~3년 사이 여행이라는 단어가 너무 멀리 가있었다. 캐리어를 끌고 새벽부터 공항으로 향했던 들뜬 발걸음. 탑승수속을 마친 후 여유 있게 마셨던 커피향이 코끝까지 와 닿았다. 왠지 오늘 만큼은 코로나도 종식되고 새로운 세상이 열릴 것 만 같았다. 서울에 와서 내 마음을 이렇게 위로 할 수 있다니….

그라나다 알함브라 궁전이 너무 아름다워 잊히지 않는다. 나스르 궁전과 아라야네스 정원을 마주했던 순간이었다. 파란 하늘과 아름다운 궁전이 아라야네스정원 호수에 빠져 데칼코마니가 되어 높은 하늘에 걸러있었다.

시에라 네바다 산맥의 만년설이 녹은 시원한 물을, 지하로 수로를 만들어 알함브라 궁전까지 끌어들였다는데 감동을 했다. 궁전 중앙에는 수학적 정교함으로 깎아놓은 듯 물이 넘치지도 부족하지도 않은 수반 분수대인 사자의 중정이 있었다. 수반을 떠받치고 있는 12마리의 사자 입을 통해 그 물은 궁전 전체를 순환하도록 설계 되었다는 것이다.

스페인의 여름은 워낙 더워서 온도 조절의 의미도 있지만, 수반 분수의 찰랑찰랑한 물은 '협상과 평정'이라는 의미가 있다고 한다. 그 물은 좁다란 수로를 통해서 궁전 실내까지 흘러들어갔다. 졸졸졸~ 안으로 들어온 맑은 물줄기 앞에서 많은 생각이 들었었다.

마음이 복잡하거나 힘든 일이 있을 때는 그때의 추억을 더듬는다. 왜냐하면 그 장소, 그 순간에 느꼈던 마음을 소환하면 금세 마음이 평온해지기 때문이다.

스위스 〈상트갈렌〉수도원의 부속도서관을 들렀을 때이다. 그 도서관에는 15세기 전 수도사들이 쓴 성경 필사본 2,000점 이상, 17만권 가량 되는 고서들이 가득 차 있었다. 물론 들어갈 때에는 소지품 하나라도 지니고 들어 갈 수 없으며, 헝겊 덧신으로 발을 감싸고 조용히 들어가야만 한다. 그저 눈도장만 찍고 나와야 하는 곳임에도 느끼는 감정은 무거웠다. 특유의 냄새 때문일까. 사도들이 썼다는 성경필사본 속 영혼들과 고서의 주인공들이 나와서 마치

여행객들을 안내하는 것만 같아 오싹하기까지 했다.

 이곳에 들르는 사람들은 이 보물창고 안에서 무엇을 발견하며 갈지! 알듯 모를 듯 그저 답답한 마음으로 나왔다. 하지만 그런 마음을 이미 알고라도 있듯 처방전도 함께 제시되어 있었다. 들어가는 문 위에는 그리스어로 '영혼의 약국' '마음치료소'라는 의미의 말이 크지 않은 문자로 씌어 있었다.

 처방약은 '기도하라' '일하라'는 것이었다.

 그 중 '일하라'는 처방은 돈과 연결되어 있다고만 생각한 나에게는 부작용으로 남아 있었다. 무엇을 해서 돈을 벌라는 것이지? 마음치료가 아닌 근심을 얻어온 셈이었다. 그렇지만 일은 꼭 돈이 아닐 수도 있다. 돈이 영혼을 성장시키지는 못한다. '무언가 하는 것이다'라고, 나에게 말하려고 했던 것은 아니었을까. 돈을 떠나 '무언가 하는 것'이라면, 나는 무언가를 하면 된다. 그 날에서야 영혼약국의 처방약에 대하여 깨닫게 되었다.

 그러다가 도전만 하다가 몇 번을 포기했던 일이 우연찮게 연결이 되어 바로 시작하게 된 것이다.

 코로나로 자유롭지 못한 일상 속에서 다시 글쓰기를 하는 중이다. 〈상트갈렌〉수도원의 부속도서관의 처방약은 1

회분만으로 충분한 효력이 있었다.

플리트비체 국립공원을 떠올리면 7개의 코스와 16개의 호수, 100개가 넘는 크고 작은 폭포를 떠올린다. 그 중에 내가 걸었던 코스가 블로거에 많이 포스팅 되어있다. 자연보호를 위해 모든 길은 흙길이거나 데크길로 되어 있다. 시원하게 떨어지는 큰 폭포와 주변 이끼, 계단 밑 작은 폭포들이 지나가는 관광객들에게 눈 깜빡거릴 틈도 주지 않았다.

에메랄드빛 드넓은 호수 안에는 송어들이 무척 많았다. 가는 길을 막아서는 송어들이 관광객들의 허리를 당긴다. 그 먼 곳에서 왔다가 스쳐만 가는 것을 무척 아쉬워 한 걸까. 그 순간 물고기들은 내게로 들어와 내면에서 헤엄치고 있었다.

그때 유유히 내 앞으로 왔다가 사라지는 송어 한 마리가 말을 건다.

"날 봐."

"한가롭지?"

"호수에 던져."

"그럼 폭포가 멀리 떠내려 보낼거야"

"편히 가."

생각만 해도 그렇게 마음이 평안해지는 곳들이 있다.

베네치아에서의 에스프레소 한 잔의 카페인은 지금도 내 영혼을 깨운다. 섬처럼 정박하여 외롭게 기다리고만 있지 않고, 마음에 날개를 달아 그곳까지 훨훨 날아가 그때의 그 순간을 기억한다.

인생은 지금이라는 찰나의 연속이라니, 이 순간을 나는 기쁨에 겨운 물로 가득 채운다.

41 연금 나이 한 살

　세종에서 조치원 가는 길에는 〈세종필드〉골프장이 보인다. 운전 중에도 살짝살짝 곁눈질을 하며 지나가게 된다. 페어웨이에서 샷을 준비하는 사람, 다음 샷을 위해 걸어가는 사람, 그린 위에서 퍼팅하는 사람.

　날씨도 좋고 재밌겠네! 하지만 그때 바로 또 다른 생각이 든다. 현장에 있는 저들은 내가 부러워하는 것만큼은 행복하지 않을 수도 있어. 아마 원하는 샷이 나오지 않아 동반자들 앞에서 표현은 못하고 속이 무척 상해 있을 수도 있고, 다음 샷을 잘 해보려 했지만 힘이 들어가 맘대로 되지 않아 스코어에 온통 신경이 가 있을 수도 있지.

'오죽하면 자식과 골프는 내 맘대로 안 된다'는 말이 나왔겠어? 나는 피식 웃으며 목적지를 향해 달린다.

라운딩 중에는 대충이라는 것은 있을 수 없다. 한 샷 한 샷, 소홀히 할 수 없기에 여유 속에는 늘 긴장이 숨어있다. 다음 샷을 위해 골프채를 결정해야 하고 방해물인 벙커와 해저드, 오비를 신경써야하며 그린에 올리기 위해서는 띄울 것인지 굴릴 것인지, 퍼터는 몇 미터를 해야 하는지, 오르막인지 내리막인지를 정확히 계산 해야만 하니 18홀 내내 머릿속을 풀가동해야 한다.

사실, 라운딩 중에는 굿~샷 외에는 상대의 샷에 나쁜 영향이라도 끼칠까 대화도 조심히 한다. 정확성이 떨어지면 십중팔구 실수가 나오기에.

'앗! 너무 셌어. 에~이! 들었어. 에구! 뒤땅여.' 등 굿~샷을 하지 못했을 때 홀마다 자동으로 튀어 나오는 말이다. 그렇게 궁시렁거리다 보면 어느덧 18홀이 끝난다. 운동을 마치고 식사를 할 때 오히려 오늘 날씨도 좋고, 동반자들도 괜찮아서 잘 놀았다는 등 말한다. 하지만 스코어가 엉망인 날은 스스로 제풀에 꺾인다.

왠지 인생도 골프와 비슷하다는 생각이 든다. 어느덧 예순이 넘어서자, 아직 멀리 있다고 생각했던 연금 스코어가 어느새 덥석 다가와 손을 잡는다. 연금 스코어 역시 아쉬운 감이 있다. 날씨도 좋고 동반자들도 괜찮아서 재미가 있었는지 삶을 뒤돌아본다.

남편은 내게 "그래, 이만하면 잘 살았지 뭐. 나는 후회 없어."라고 말한다. 어쩌면 아내 앞에서 이정도 연금이면 살아 갈 수 있겠지?라고 각인시키는 것처럼 들렸다. 후회 없다는 남편 말에 찬물 끼얹는 소리야 할 수 없었지만 나는 그이와 달랐다.

라운드 마지막 홀을 돌 때처럼 아쉬움이 많다. 더 잘 칠 수 있었는데? 어깨를 들었나? 아니면, 공보다 몸이 먼저 돌았나? 라운딩이 끝나고 나면 오늘의 샷에 대한 분석을 하여 다음 라운딩을 대비하게 된다. 열심히 연습하고 나가면 확실히 스코어가 기분이 좋다.

그러나 연금 스코어는 이미 정해졌다. 아쉬움은 많지만 분석을 해도 뾰족한 수가 없다. 그동안 삶이 필드 밖에서 보아지는 풍경처럼 여유롭고 평화스러워 보였는지는 모르겠다. 곰곰이 생각해보면 필드 위를 걸을 때처럼 좋을 때도 있었지만, 사실 긴장감 속에서 살아 온 것 같다. 연금 숫자가 나오기까지는 굿~샷을 외칠 때도 있었고 벙커샷을 몇 번을 할 때도 있었다. IMF때는 오비에 해저드로 빠졌었고 구사일생 멀리건의 기회에 살아남아 여기까지 왔다. 아직 마음은 9홀 정도만 지난 것 같은데 어느새 18홀을 끝냈다니 아쉽기만 하다.

영원할 것만 같았던 인생이 한낱 아침 이슬과 같다는 말을 실감하게 한다.

이제 연금 나이 한 살. 100세 시대에 다시 시작하는 40년 가량의 백수의 꿈과 연금을 담을 새 부대를 준비해야 할 것 같다.

사람의 욕심은 끝이 없다. 몸을 긁으면 긁을수록 더 가려운 것처럼 욕심도 때로는 걱정과 두려움이 되어 뾰루지처럼 올라온다. 하지만 그린에 두 번에 올릴 거 세 번에 올리면 된다. 파에서 보기 플레이로 또는 더블보기를 좀 하면 어떤가. 아니 어쩔 수 없지 않겠는가!

나는 옷이나 신발 등 아주 비싼 것은 아니더라도, 사고 싶은 것을 안 사고 못 배기는 성격이었다. 시장을 잔뜩 봐서 냉장고에 쟁여놓고도 뭔가 한 가지가 필요해서 슈퍼라도 가면 그 물건만 사오는 것이 아니라, 맞아, 이거 사려고 했던 거야. 아 이거 정리세일이네. 하며 일단 집어 들었다. 계산하고 나올 때서야 뭐가 또 이렇게 많지? 그러면서 '에이, 필요하니까 산거야'를 반복하며 스스로 의미부여를 하는 나쁜 버릇이 있다.

  조금이라도 값이 나가는 옷이나 명품도 조금 여유로울 때 구입해두자는 의미로 사 놓았다. 봄만 되면 꽃집에 들러 베란다는 꽃으로 채웠다. 홈쇼핑에 새로운 운동기구 광고가 나오면 꼭 필요한 것 같아 구입해 놓은 것이 거실 한쪽에 줄서있다. 보고 싶은 책도 도서관까지 가기 귀찮아 쿠팡 로켓배송으로 바로바로 사서 편하게 보며 살았다. 주방 역시 맥시멀이며, 안방 닛본장 두 개에 계절 옷이 꽉 찼다. 드레스룸까지도 모자라 행거를 두 개나 놓았다. 그래서 행거도 쓰러질 지경이다. 버리지 못하는 성격도 한 몫 하지만, 지금에 와서 생각나니 그렇게 충동적으로 살았던 것같다. 사들인 것들로 넉넉히 10년은 무리 없이 살아가질 것 같다.

  이제부터는 연금 새 부대 속에 당당하게 사지 않을 용기와 커 보이는 남의 떡 (젊음)에 대한 것도 접어 넣어야 되지 않겠나. 곤두세웠던 신경도 좀 꺾어 넣어야 할 것이고, 연금의 소비를 위해 단순한 끈으로 묶어 미니멀하게 관리해야 될 것 같다.

  이제, 연금 나이 겨우 한 살. 두 사람이 탄 자전거에 앞사람의 허리를 잘 잡아주지 않으면, 처음에는 중심을 잃고 몇 번은 좌우로 왔다갔다 흔들리겠지. 수영을 처음 배울 적에 수영장 물이 너무 깊어 무척 허우적거렸던 생각이 난다. 하지만 일 년쯤 지났을 때는 물에 대한 두려움은 온데간데없고 수영가방만 봐도 행복했었다.

나는 요즘 매일 한 번씩 거짓말을 하게 된다. 아마도 스스로 격려하고자 하는 마음일지….

매일 열심히 운동하는 남편은 으스대며

"나 좀 봐봐. 엄청 좋아진 것 같지 않아?"

'음~! 도대체 어디가 좋아졌다는 것인지! 내 눈에는 그대로인 것 같지만!'

"그러게? 많이 좋아진 거 같으네."

코로나로 생긴 취미

 다른 나라들이 백신패스를 시작하는 것을 보고나서, 우리나라도 그리 오래가지 않을 거라고 했더니 올 것이 오고야 말았다. 백신패스에 거리두기, 마스크, 겨울이라서 긴 코트에 모자, 장갑, 부츠, 머리부터 발끝까지 푹 파묻힌 침묵의 일상이다. 안경까지 쓴 나는 김 서림을 막기 위해 콧등은 계속 꾹꾹 누르게 되고 안경에 계속 손이 가니, 정신 집중이 어려운 겨울나기를 하고 있다.

 백화점, 대형마트, 카페, 식당 등에서는 QR코드가 심판대 역할을 잘도 한다. 그 옆에 보조직원까지 두 눈을 크게 뜨고 심판대의 알림소리에 두 귀를 쫑긋, 그 어떤 일도 이

보다 정확할 수는 없다. 사정이 있어서 백신접종을 하지 못한 사람은 백신패스에 걸려 누구와 함께 어딘가 들어가는 것은 절대불가, 아니 혼자 카페라도 들어가면 눈치가 봐지니 창살 없는 감옥이 따로 없다.

대전에서 세종으로 이사를 오니 자동차를 타고 5분만 나가면 논과 밭이다.

명품 가방 대신 검정 비닐팩 들고, 부츠 대신 운동화와 긴 코트 대신 가벼운 점퍼를 입고 나선다. 세종시 변두리 카페에 들러 무화과 빵과 커피 한 잔 사들고, 겨울의 한적한 시골 논바닥만 횅한 곳으로 나갔다. 맑은 하늘과 황량한 벌판, 눈 시린 바람과 한나절을 보낸다. 내 눈에 들어오는 것은 오직 전봇대와 전깃줄 뿐, 나 혼자다.

'미접종자입니다.'라고 검사하는 족족 일러바치는 QR코드 대신 까치와 참새 재잘거리는 소리가 경쾌하다. 마스크를 벗으니 홀가분하여 속이 다 시원하다.

벼를 벤 논 군데군데는 물이 고여 반짝반짝 살얼음이 얼었다. 논둑을 자세히 보니 냉이가 카멜레온처럼 땅에 납작 붙어있다. 땅이 꽁꽁 얼어서 단 1mm도 호미가 들어가지 않고 튕겨져 나왔다. 바람과 추위를 견디며 땅속에 뿌리를 박고 있는 작은 냉이, 애써 봄을 기다리고 있지도 않는 듯

북향의 논둑에 뿌리를 내렸으니 당연한 듯 묵묵히 빨간 잎으로 추위를 감싸고 있다. 반대로 남향 논둑은 햇빛이 하루 종일 들어온다. 눈도 모두 녹고 흙이 보슬보슬하다.

누군가가 냉이를 캐간 자국이 장마가 오면 허물어질 정도로 파헤쳐져있다. 논 주인에게 덤터기라도 당할까 겁이 나서 사진만 찍고 부랴부랴 나왔다. 하지만 너무 아쉬워 봄이 되면 꼭 다시 한 번 와보리라 찜을 해 놓는다. 살얼음 속에 든 냉이들과 눈도장을 찍고, 비슷비슷한 논둑들이 많아 헷갈릴지 몰라 얼른 스마트폰으로 사진을 찍어 갤러리에 저장해 두었다.

3월이 되었다. 불 꺼진 창문에 와서 후드득 후드득 두드리는 봄비는, 분명 그 냉이밭 논둑에서 보내오는 신호다. 아침 일찍 일어나 창문을 열어보니 아직은 날씨가 쌀쌀하다. 날씨 탓이 아니라, 나는 오미크론에 걸렸던 것이다. 회복이 늦어 바로 나갈 수가 없다. 하루 이틀 날짜가 지나자, 왠지 비온 후라서 누군가가 다녀 갈 것만 같아서 조바심이 생긴다. 냉이와 눈도장 찍었던 곳이 계속 눈에 밟힌다. 격리는 해제 되었지만, 몸은 좀 회복이 덜 되어 영양주사를 맞았다. 그리고 바로 다음 날 나가 보았다.

남쪽 논둑에 있던 냉이는 꽃이 활짝 피어 봄 처녀 살랑거리는 꽃 치마에 수를 놓듯 바람결에 흔들린다. 살얼음 안에 갇혀 있던 북쪽 냉이는 이제 한창이다. 훈훈한 봄바람은 땅이 녹을 때 들락거리며 몇 갈래의 길을 내놓았다. 그 틈에 냉이 뿌리도 두툼하게 근육을 키웠다. 힘들게 땅을 파지 않아도 근육의 힘으로 냉이는 쏙쏙 잘 따라 나온다. 산삼이라도 캐듯 벌써부터 내 몸의 세포들이 왈츠 춤을 추는 듯하다. 오미크론 따위는 금세 사라질 것만 같았다.

"1월에 왔을 때는 아쉬웠지? 지금 기분 어때? 조금 늦었을 뿐이야." 눈도장을 찍었던 냉이 하나하나가 소곤댄다. 하지만 나는 겁쟁이다. 논 주인이 오기 전에 또 부랴부랴 나와 버린다. 그리고 백신패스 때 발견한 또 다른 냉이, 씀바귀의 군락지로 가본다.

1월 달에는 냉이가 붉은 색을 띠고 땅에 바짝 붙어있어 자세히 봐야 보였다. 그런데 봄이 되니 살포시 올라와 논 전체가 파릇파릇 빤한 틈 없이 뒤덮여 있었다. "세상에! 이런 논이었다고? 와~!" 혼자라도 중얼거리지 않을 수 없는 상황이 눈앞에서 펼쳐진 것이다. 하지만 그 많은 냉이를 한 포기도 캐올 수는 없었다. 봄비가 부른 다음 날 나갔어야만 했다. 논 주인이 참 부지런도 하다. 이미 무슨 거름인지 거무죽죽한 흙덩이를 잔뜩 뿌려놓았다. 어찌나 속상하던지! 내년에는 내가 한 발 더 빠르게 움직이기 위해 달력에 '냉이밭'이라고 메모해 두었다.

자리를 옮겨 아로니아 농장 씀바귀 밭에도 가본다. 땅에는 인삼 차광막이 덮여 있다. 씀바귀는 그 틈에서 나와 밭 전체에 쫙 깔려 있다. 하지만 고랑에 있는 씀바귀 하나라도 밭주인 허락 없이는 캐올 용기가 없다. 아쉬운 맘을 뒤로하고 두리번두리번 거린다. 누런 논은 통과, 파릇파릇한 논을 찾아가면 분명하다.

파란 벌금자리가 많다. 기쁜 소식이라는 꽃말을 가진 벌금자리는 잎이 벼룩처럼 작다고 하여 벼룩나물, 나락처럼 생겨서 나락나물이라고도 불린다. 마치 기쁜 소식을 전하기 위한 것처럼 사방으로 퍼져나가고 있었다. 나는 그 기쁜 소식을 한아름 검정비닐 속에 꾹꾹 눌러 담아온다. 나는 같은 일을 끈질기게 하는 스타일이 아닌데, 나물 한 포기한 포기 볼 때마다 너무 예쁘고 감격해서 시간 가는 줄도 모른다.

예전에 할머니는 봄만 되면 산으로 나물 캐러 다니는 걸 무척 좋아하셨다. '뱀을 만나면 어쩔 터냐?'며 할아버지가 걱정을 해도, 아침 일찍 도시락을 싸가지고 몰래 나가셨다. 물론, 돌아올 때에는 산나물을 한 자루 짊어지고 들어

오셨다. 마루에 풀어헤쳐놓고 고사리 취나물 따위를 분리할 적에 산나물의 향기가 좋은 줄 그 때는 몰랐다. 그 향기를 이제야 알 것 같다. 할머니는 가족들의 감탄을 즐기며 산에서 재미있던 이야기보따리도 함께 풀어 놓으시며 행복해 했다. 생전 안 해본 나물 캐기가 이렇게 재미있는 것을 보니 나에게 할머니의 유전자가 흐르고 있음이 분명하다.

길가에 난 쑥은 후리스 옷을 입은 것처럼 내 몸을 감싼다. 부드러운 하얀 솜털은 내 마음에 예쁘게 색칠한다. 노랑 민들레도 한눈 팔 겨를 없이 사방에서 줄지어 손을 잡는다. 주위 잡풀들도 봄바람에 살살 몸짓으로 노래한다. 한참 동안 바라보며 예뻐해 주고 말을 걸면 바로바로 내 마음속에 뿌리를 내리고 자란다.

요즘 오미크론으로 고생하고 난 후 후유증으로 걷기운동이 생겼다. '그렇게 땅만 보고 걸으면 안 된다고 오히려 역효과'라며 함께 운동을 하는 남편이 한소리를 한다. 하지만 예쁘게 솟아오르는 초록이들에게 정신을 빼앗겨 남편 말은 귓등으로도 들리지 않는다. 예쁜 모양새를 놓치기 아쉬워 카메라에 담다보면, 순간순간 따라잡기가 숨이 찬다. 헉헉거리며 뛰어가서, 이런 것이 더 효과 좋은 운동이

라고 나는 반박을 한다.

오미크론은 꽤나 운동을 싫어하는 나를 걷게 했고, 나물 캐는 여인으로 내몰았다. 뒷 베란다에서는 새가 부르고 앞 베란다에서는 봄바람이 부른다. 마음에 뿌리를 내려 자라고 있는 자연의 소리가 내 마음의 주름을 활짝 편다.

跋
文

류뭉치의 몽유도원도, 그녀의 조각배는 베네치아로 향한다

김수남 소설가

소설가 이문구가 박용래 약전略傳에서 박용래의 눈물에 대해 말했다. 〈모든 아름다운 것들은 언제나 그의 눈물을 불렀다. 갸륵한 것, 어여쁜 것, 소박한 것, 조촐한 것, 조용한 것, 알뜰한 것, 인간의 손을 안 탄 것, 문명의 때가 아니 묻은 것, 임자가 없는 것, 아무렇게나 버려진 것, 갓 태어난 것, 저절로 묵은 것…. 그는 누리의 온갖 생령生靈에서 천체의 흔적에 이르도록 사랑하지 않은 것이 없었으며, 사랑스러운 것들을 만날 적마다 눈시울을 붉히지 않은 때가 없었다.〉

글 곳곳에 이런 감칠맛이 그득하다. 그 까닭은 두 사람이 정취 어린 탁배기 잔을 주거니 받거니 하며 쌓은 생전의 교분 때문이다. 거기에 이문구의 문재文才가 더해졌으니 어찌 심쿵한 명문이 나오지 않을 것인가.

정현종 시인이 '방문객'이란 시를 읊었다.

> 사람이 온다는 건/실은 어마어마한 일이다
> 그는/그의 과거와/ 현재와/그의 미래와 함께 오기 때문이다
> 한 사람의 일생이 오기 때문이다….(후략)

나는 류경애 작가에 대한 기억이 가물가물하다. 이를 어찌 한다? 그러나 묘책은 없다. 궁즉통窮卽通, 무조건 읽고 보자, 그게 순리다.

그러니까 주례사를 쓰지 않기 위해서 나는 지금 류경애 수필가의 에세이, 그녀의 생각과 감성을 읽는 중이다.

나는 우선 그녀의 이름을 (?) '류뭉치'라고 명명命名했다. 이것은 가벼운 일탈이기도 하거니와, 말하자면 소스(sauce) 같은 것이다. 근엄한 예禮는 때때로 관계설정의 해코지로 작용하기도 한다. 예禮에 급급한 나머지 글은 쓸데없는 장식용 문장으로 말미암아 생명력을 잃는다.

뭉치는 실수 뭉치라는 말을 줄인 것인데 그녀가 쓴 에세

이 제목 중의 하나다. 옳다구나, 그녀의 이름을 별호 삼아 류뭉치라고 하자.

수호지에서 등장인물에 별호를 붙인 것은 다 의도가 있다. '흑선풍 이규' '급시우 송강' '쌍편 호연작'은 그들이 마치 우리의 이웃이기라도 하듯 작가와 독자와 등장인물 사이의 정서적 거리를 현저히 줄인다.

뭉치 류뭉치, 두어 번 소리 내어 불렀다. 그러자 그녀에 대한 내 감정에 온기가 돌고 마침내 나는 그녀의 글 전부를 다 읽었다. 다 읽고 나자 그녀가 웃음을 머금고 나에게 다가왔다.

42편의 작품에 실린 그녀의 말과 느낌과 행위들, 그 살아온 생애의 발자취를 따라 나도 천천히 걸었다. 그녀의 끝 작품 〈코로나로 생긴 취미〉의 마침표에 이르러 류뭉치는 내 집 대문 앞에서 나를 찾았다.

류뭉치는 나에게 온 7월의 방문객이었다. 정현종의 시처럼 그녀의 과거와 현재와 미래가 나에게 온 것이다.

자, 이제 나는 류뭉치와 맺은 사제지간이라는 세속적인 틀 따위는 홀가분히 벗어던지고 자유로이 자판을 두드릴 심정을 획득했다.

류뭉치 작가, 지금부터 내 발문跋文 열차는 발칸반도 크로아티아 두브르브니크의 카페와 골목골목을 향해 떠날지도 모르오. 발길 닿는 대로 바람 부는 대로 물결치는 대로.

류뭉치의 에세이 42편은 논어의 말을 인용하면 일언이폐지 왈 사무사―言以蔽之 曰 思無邪다. 생각은 부드럽고 사악함이 없다. 작지만 확실한 행복을 담백하게 쓴 작품이다. 글로 쓴 '몽유도원도'다. 복사꽃 핀 화려한 마을을 찾으려고 떠들썩한 소란을 피우지도 않는다. 조각배 한 척을 감추어 두긴 했지만 007 제임스 본드의 최첨단 모터 보트가 아니라 노를 저어가는 작은 배다.

'나는 내가 예쁜 줄만 알았다.'

류뭉치 에세이스트의 작품에 나오는 대목이다. 그 구절을 읽으며 나는 문득 생뚱맞은 생각을 했다.

적어도 너댓 살 무렵부터 류뭉치가 주욱 그런 자기애自己愛를 가졌다면 행복한 유년시절을 지나온 게 분명하다. 그건 건강한 나르시시즘 같았다.

류뭉치와 나는 아마도 열여섯 살쯤의 나이 차이가 있는 듯하다. 자기애에 취한 류뭉치의 유년시절, 내가 대학생이었던 그 무렵 나는 나르시시즘은커녕 효창운동장의 푸른

그라운드를 바라보며 차범근의 질주와 허벅지에 뿅 가고 있었다. 이 걸출한 불세출의 스타는 나를 기어이 상경까지 시켰다. 나는 대전에서 여섯 시간이나 완행열차를 타고 그를 보러 갔다.

불세출은 농구계에도 있었다. 김명자의 정확한 패스와 그 패스를 받은 김추자의 드리블과 박신자의 '슛 골인', 이 예술적인 삼합三合에 얼이 빠져 나는 '꺄악' 소리도 뱉지도 못하고 장충체육관의 귀퉁이에서 심장만 다스렸다.

농구의 레이업슛을 익히려고 열흘이나 남몰래 연습벌레가 되었던 잡스러움(?)도 그 무렵의 한 페이지였다. 차범근과 박신자라는 두 스타는 20대 초입의 나에게 스포츠의 오르가슴을 제공한 군계일학이었다.

복서 염동균의 화려한 스텝에 농구선수 신동파의 50득점도 있고 열거하자면 스포츠광狂이라는 소리깨나 듣겠다. 요컨대 내 청춘시절엔 자기혐오도, 자기애도 없고 없고 그저 스포츠의 늪에 빠져 허우적대기만 한 터였다.

이어서 '나는 내가 예쁜 줄만 알았다'.

이 말은 류뭉치의, 자기성찰의 결과물이다.

뭉치씨는 지금 산티아고를 향하는 생애의 순례자다.

그렇다. 누구나 남몰래 나르시시트의 편모를 감추고 있

다. 스무 살에 소설을 쓴답시며 작가연作家然한 나도 예외는 아니다.

자기성찰은 성취의 시작이다. 이 에세이집은 앞으로 뭉치 씨의 브랜드가 되어 그녀의 여생을 따라다닐 것이다.

'정의와 진리와 사랑을 위하여 몸 바칠 여성'.

프랑스 작가 스땅달의 연애론에 나옴직한 구절 같지만 사실은 그녀가 다닌 모교의 교육목표다. 나는 이렇게 아름답고 함축적이며 시적詩的인 교훈을 본 적이 없다. 대한민국 고등학교의 교훈을 일별하면 '근면·자립·협동·박애'이라거나 '세계로 미래로 꿈을 펼치자'든가 '올바른 사람, 쓸모있는 사람, 튼튼한 사람' 등인데 이 나름대로 교육적 메시지는 유효하지만 적어도 가슴에 스며들지는 않는다.

류뭉치씨는 그의 모교가 심어준 교육목표의 전령사 같다. 60이 넘어 글 쓰는 생애를 택했으니 '정의와 진리와 사랑을 위하여 몸 바칠 여성'이 아니고 무엇일 것인가? 류뭉치씨는 발품 끝에 맛집을 찾아낸 가치관의 미식가다. '나는 내가 예쁜 줄만 알았다'는 그 인증샷이다.

미국의 저명한 저널리스트이자 비평가 미셸 딘(Michell Dean)이 1920년대부터 80년까지 미국 지성사에 발자취를 남긴 여성 작가 12명을 추적한 책을 썼다. '펜을 검처럼 휘

두른 12명을 찾아 신문사 잡지사 출판사 같은 문학적 정치적 전쟁터를 들여다 본다.' (뉴욕 타임스)

파커, 웨스트, 손택, 케일 디디언, 에프런 등이 그 대상인데 책의 제목이 가히 혁명적(?) 아니면 파격적이었다. 그 12명의, 글의 행보를 한마디로 뭉뚱거린다면 〈날카롭게 살겠다, 내 글이 곧 내 이름이 될 때까지〉다. 그야말로 서슬이 시퍼런 자존감이어서 섬뜩할 정도다.

그러나 뭉치씨의 개성색은 날카로움이 아니고 부드러움이다. 강강強剛보다는 온유溫柔, 단절斷絶보다는 연속連續, 풍자보다는 직서直敍에 가깝다. 류뭉치 작가가 12명의 개성색을 따를 필요는 없다. 메꽃은 장미의 화려와 가시를 부러워할 필요가 없다. 부러워하는 순간 이슬 같은 메꽃의 순수를 잃어버릴 것이기 때문이다.

영화가 관음증을 겨냥한 장르라지만 문학도 못지않다. 특히나 수필은 그 고백적 속성으로 말미암아 독자는 작가의, 영혼의 향기를 맡고 싶을 것이다. 문학이란 것 자체가 사실은 후각적 장르 아닐까?

한자대로라면 수필隨筆은 '붓 가는 대로'이겠지만 순진하게 그 말만 믿고 쓰다보면 낙서 수준의 푸념이 될 수도 있다. '푸념이냐 생의 향기냐'에서 택일은 작가의 몫이다.
 몇 가지만 떠올려보자.

 1. 류뭉치는 오늘도 아파트 베란다를 기웃거리는 아침 햇살 같다. 〈사진 속의 시간〉을 따라 우리도 잠시 류뭉치의 단발머리 추억에 동행하자. 그러면 신랄하지는 않으나 존중하고 배려하면서 읽는 재미를 보태는 반전 유머를 만날 것이다.
 2. 〈추모헌수〉는 그리움을 찾아가는 애틋한 행로다. 뭉치씨 아버지 생애의 상징은 '용의 형상으로 서있는 한 그루의 향나무'다. 우리가 그 기묘한 향나무에 감탄하여 꾸벅, 고개를 숙이면 나무는 꼬리를 흔들 것이다.
 3. 시대에 대한 쓴소리도 만만찮다. 〈포개진 밥공기〉는 우리를 위협하지는 않지만 폐부를 찌른다. 그것은 시대와 세상에 대한 쓴소리다. 그러나 그녀의 에세이는 결국 가시를 잘 발라낸 고등어구이 같다. 밥숟가락에 얹어 맛있게 먹기만 하면 된다.
 류뭉치의 몽유도원도에 핀 꽃은 복사꽃도 좋지만 어쩌면 배꽃도 피어있을 것이다. 〈이화에 월백하고 은한이 삼경인 제… 다정도 병인 양하여 잠 못드는〉 류뭉치의 조각배,

그 배에 글을 싣고 뭉치는 오늘도 노를 저어간다.

그녀가 60대의 생애를 어떻게 디자인할지 그리하여 그 끄트머리 즈음에 어떤 성취가 있을 것인지 자못 궁금하다.

류경애 수필집
나는 내가 예쁜 줄만 알았다

2022년 9월 5일 초판 1쇄 펴냄

지은이 _ 류경애
펴낸이 _ 이영옥
편집인 _ 최윤지
펴낸곳 _ 도서출판 이든북

신고번호 _ 제2001-000003호
주　　소 _ (34625) 대전광역시 동구 중앙로193번길 73
대표전화 _ 042-222-2536
팩시밀리 _ 042-222-2530
휴대전화 _ 010-6502-4586
전자우편 _ eden-book@daum.net
공 급 처 _ 한국출판협동조합
주문전화 _ (02)716-5616
팩시밀리 _ (031)944-8234~6

ⓒ류경애, 2022
ISBN 979-11-6701-170-1
값 15,000원

* 지은이와 협의하여 인지는 생략합니다.
* 이 책 내용과 사진 전부 또는 일부를 재사용하려면 반드시 지은이와
  이든북 양측의 동의를 받아야 합니다.
* 무단 전재 및 복사 배포를 금합니다.